草むらを更地にするだけで高収益

激安！「空き地」投資

最大利回り 44.9%

平均利回り 20%超

Raw Land Investing

加藤ひろゆき
Hiroyuki Kato

ダイヤモンド社

はじめに

最近のワタクシのマイブームは、更地賃貸である。

更地を、更地のまま貸すのだ。

建築費が上がっている現在、わざわざ建設するよりも、何も考えずに、単純に土地を貸すだけでいい。

学歴は不要だ。自力で開拓する根性さえあればいい。炎天下に塩を舐めながら、一輪車に切込砂利を満載して、黙々と砂利を敷くのだ。

資本もさほど必要ない。

根性と情熱があれば、アナタにも開拓できる。

更地賃貸には、次のようなメリットがある。

・電気、ガス、水道不要
・テナントが勝手に建物を建ててくれる
・土地によっては開拓が不要、そのまま貸せる場合がある
・維持費がかからない
・ライバルが少ない
・あまり深く考えなくていい
・田舎でも需要がある
・国家や大企業の投資によって、急激に資産価値が上がる可能性がある
・大手企業が参入しない

家の近所の草原に、数年前に国家が工業団地を誘致し、さらに5年後には、日本ハムファイターズが新しく球場を造る。ワタクシの資本で何かしたわけではない。何もしなくても資産価値が上がることがある。

もちろん、デメリットもある。

・賃料の坪単価が安い
・ある程度、広い面積が必要
・テナントが決まるまでインターバルが長い。ここで、みんな待てなくなる
・坪単価が高い土地では、さほど儲からない。その場合、固定資産税も高い
・資産家の息子だと、勝手に勘違いされる
・敷いた砂利が雪どけ時に沈む。この場合、再び砂利を敷いて対応

いまや、ワタクシの不動産全体の売り上げの3分の1が更地、もしくは更地に建てた簡易的な建物だ。

最近の空室を除いた家賃ベースによる種目別売り上げ比率をまとめてみた。

・路面店と商業ビルのテナント……約49％
・貸家……約32％
・アパートメント……約13％

・更地……約6％

初期の頃に比べて、アパートメントの売り上げ比率が下がり、テナントと貸家の比率が上がった。テナントと貸土地の合計では約54％。いつの間にか、過半数を超えていた。

テナントのメリットは、家賃の単価が高いことだ。

同じ売り上げでも、顧客数が少ないということは管理の手間がかからない。

ただし、かつて入居していた不良テナントのように、リクエストが多い割には家賃の支払いを渋り、経営が1年もたなかった例もあるので、大家として強靭な精神を持たなければ運営できない。

また、自宅からの距離による売り上げ比率は、次のとおり。

・10㎞以内……約71％
・5㎞以内……約58％
・2㎞以内……約49％

・1㎞以内……約44％

自宅から物件までの距離についてみると、自宅から2㎞以内が約5割。徒歩でも行ける範囲だ。10㎞以内が7割強である。

今後は、現在よりも歳をとっていく。いつかはクルマの運転もできなくなる。だから、いざとなったらタクシーで移動できる範囲に物件を持つことは重要だ。

毎日物件に通うわけでもないが、物件購入時、入退去時、リフォーム時には、大家自ら物件に行って、現場監督的なことを実施しなければいけない。

やはり、自宅から近いところに、管理の手間のかからない更地を持つことが、これからは有望なのだ。

草むらを更地にするだけで高収益
激安！「空き地」投資

目次

第2章 なぜ更地賃貸がいいのか

第3章 どうやって更地を探せばいいのか

第4章 原始林状態の土地を開拓しよう

第5章 更地の借り手は意外なところにいる

第6章 誰でも簡単にできる更地の管理法

第7章 ワタクシが運営している更地を大公開

第1章

いま、不動産投資は新しいステージに入った

不動産ブームの結果、よい投資先がなくなった！

直近では、不動産投資ブームは２０１７年がピークだった。銀行の金利が下がり、それまで不動産に縁のなかった人々までが、こぞって新築アパートを建て始めた。中古のアパートも利回りが低下。市場からいい物件が消えた。

ワタクシはときどき不動産投資セミナーの講師をつとめるが、ここ数年、20代の青年や若い女性、とくに30代の主婦の割合が増えた。10年前は、中年のサラリーマンが多かったので、この投資家の変化に驚いた。

ところが、「かぼちゃの馬車」のように、新築を建てサブリースを組んだが、入金が止まり、毎月の支払いに困窮するオーナーが出現し、不動産の世界もそれほど甘いものではないと思った人も多い。

そもそも、大家が何もせずに不労所得を得られるような簡単な業界ではない。数千万円から数億円のお金を銀行から借りるのに、ほとんど勉強しないで参入する人があまりにも多すぎる。

もし、フルローンで新築物件を建てると、最終的なリターンは2％。上手な人で3％といわれている。1億円借りて、毎年200万円から300万円の利益だ。ロットを大きくすれば、手残りも増えるが、借金も増える上、納税額も増える。

ワタクシ自身も、アパート経営を始めた2004年から数年間は、高利回りの恩恵を受けたが、次第に新築が増え、利回りのよい物件が少なくなった。

北海道では札幌市以外の過疎化が進み、退去が続いた。頑張ってリフォームしても、入居者自体がいない状態だ。

家賃の下落、空室率の増加、新築が増え、ライバルも増えた。

所有物件が増すにつれ、家賃も下がり、入居者の質も低下した。苦労して入居者が決まった物件でも、滞納や夜逃げ、不良入居者が年々、増加した。

初期の頃から所有していた貸家は順調で、手間がかからず、運営は楽であったが、急激に家賃収入を増やすことは難しかった。近所に、条件にあてはまる中古住宅が少なかったからだ。

ほかにもっと楽な不動産投資はないものかと、常に考えていた。

なぜ、更地投資を始めたのか？

中古物件に代わる不動産投資先を模索していたが、なかなかピンと来るものがなかった。

2007年、不動産投資で人生を再生した方法について書籍を執筆。『ボロ物件でも高利回り 激安アパート経営』（ダイヤモンド社刊）は、市場で反響を呼び、印税が少し入った。

しかし、本が売れたことによって投資家も増え、それまで豊富だった高利回り物件が、家の近所から消えた。

印税は入ったが、自分で買う高利回り物件がなくなったのだ。

税理士には、ナウい高級中古車を買って減価償却せよと、激しくススメられたが、アメリカ時代に黄金のメルセデスに乗っていたので、もうクルマに対する欲求もなくなってしまった。

いい収益物件は減ったが、なぜか近所の更地が異常に安かった。

バブル崩壊直後に、少し安くなった自宅横の土地を、いまは亡き厳格な父が退職金で購入したが、購入価格は坪10万円だった。それが、2007年から2014年頃には、近所の更地が坪2万～4万円で売られていた。

最寄りの駅の周辺は坪10万円であったが、8㎞くらい離れた周辺の土地は、異常に評価が低かった。

明らかに安いのであるが、近所の老人たちは誰も購入しなかった。

自分が住んでいる家さえあればいいのだ。

長年にわたり、更地のまま放置プレイを実施されていた土地は、背の高い雑草が生え、中には、白樺が15㎝ほどの太さの幹になって、春には青々と葉を繁らせていた。

冬には、除雪車が積もった雪をその更地に積み上げて、5mくらいの雪山になった。当時は幼かった姪もソリで滑り降りて遊んでいた。

いい収益物件がなかったので、仕方なく更地を買っていった。

「収益を生まない更地を買って、何を考えているのだ」と、ありがたい指導をしてくれる人も、中にはいた。

また、身内からの反対も激しかった。

しかし、いまにして思えば、あのとき購入しておいてよかった。

むしろ、もっと買っておけばよかった。

最近、土地を売ってくれという話もよく来るようになった。

誰にも見向きもされなかった土地に、意外な需要があったのだ。

放置プレイ中だったワタクシの更地は、現在、駐車場として自己使用している土地を除き、すべて賃貸中だ。

周囲からの冷ややかな目

更地を購入後、「FOR　RENT」のカンバンを立て、駐車場あるいは貸土地として賃貸募集を始めたのだが、なかなか借り手がつかなかった。

ただ、更地は収益を生まないが、さほど維持費も発生しない。

また、田舎なので、固定資産税も安い。

そして、すでにアパートメントや貸家を持っていたので、ある程度の家賃収入はあり、維持するのは容易だった。

なによりも、家の近所に更地を持っていると、非常に豊かな気持ちになった。

テナントが決まらない理由を考えると、更地のまま、草や木がボーボー生えていたからだ。この状態だと、決まるわけがない。

そこで、現状を打破するために、土地を開拓することに決めた。

まずは、チェーンソーと刈払機を購入し、木を切って、草を刈った。

それでも、まだ土の表面がボコボコしていたので、土木業者に工事を依頼した。この頃はまだ土木業者の知り合いもなく、唯一、知っていたのが、自宅からクルマで40分ほど離れた場所にあるアパートの、除雪を依頼していた「山岡砂利」（仮名）という業者だ。

自宅前の更地と、亡き父から相続した間口が盛り上がった土地の工事を依頼した。土をフラットにならし、砂利を敷くと、見た目がスッキリした。

田舎でも駐車場の需要がある

自宅前の更地には「FOR　RENT」のカンバンを掲げていたが、主にワタクシが駐車場として使用していた。

この土地のおかげで、中古車の保有台数が増えた。最大11台保有していた。バカみたいだ。

自分の土地があると、車庫証明が簡単に取れる。また、田舎では軽自動車の車庫証明は不要だ。

すでに、つとめ人も卒業して、毎日ブラブラしていたので、家の前に停めたマシンのエンジンをイジったり、軽自動車に太いタイヤを履かせ、錆《さ》びたフェンダーの塗装をして楽しんでいた。安い中古車なので、さほどお金はかからない。

最初の頃は、真面目に、すべてのマシンの車検を取ってはしゃいでいたが、途中でほとんど乗らないマシンがあることに気づき、車検を取ることをやめ、廃車にした。解体業者に売ろうと思ったが、次第に、不動産管理用の機械や夏・冬タイヤの保管に倉庫が必要だと感じるようになった。

そこで、車検の切れたサンバーを土地の一番奥に持っていき、後ろ向きに停め、リアのゲートから荷物を積めるようにした。

現在も倉庫として活用している。いまでは、廃車になったサンバーが2台と、スズキ・エブリーの合計3台が、倉庫として活用されている。

駐車場として初めて需要があったのは、亡き父から相続した土地だった。

10m先のアパートの住人が、2台目のクルマの保管場所として借りてくれた。その後、ワンボックスカーの駐車場としても借りてくれた。理由は、車高が高く、アパートの組込式の車庫に入らなかったからだ。

これからアパートの建築を計画している人は、そのことも考えて設計するほうがいい。

駐車料金は、契約では月5000円だったが、年老いた母が、それでは気の毒だ、といって、勝手に3000円に値下げしてしまった。

この土地は、全盛期には4台、駐車場として貸していた。

こんな田舎でも、駐車場の需要があることが不思議だった。また、ライバルも不在で、まさにブルーオーシャン戦略だった。

駐車料金も、ワタクシが勝手に決めたプライスだ。

その後、貸家と並行して、近所に売り土地が出てくるたびに買い増していった。この戦略は、正解だった。なぜなら、最近は安さに気づいた若い夫婦が、近所の土地を買って、家を建てるようになったからだ。

もう、近所の更地はかなり減ってしまった。

国道沿いの更地はいまやエース物件

現在、北海道の主要な国道沿いに、3店舗連続してテナント物件を所有している。この物件は、いまのワタクシにとってエース物件だ。理由は、4つある。

①賃料が高い

1店舗の家賃が14万〜18万円。3店舗合計で50万円だ。しかも、段階的に現金で購入しているので、すべて無担保だ。極端な話、この3店舗だけで、なんとか生きていける。

②客単価が高い

ワタクシの所有する貸家の家賃は、4万3000〜8万8000円。アパートの家賃は、2万5000〜4万円。14万円、18万円という金額は、アパート1棟、あるいは貸家2〜

３軒に相当する。

③売り上げ＝客単価×客数

売り上げを増やすには、客単価を上げるか、客数を増やすしかない。

例えば、３万円の家賃の入居者が10名と、10万円の家賃の入居者３名の場合、売り上げは同じでも、後者のほうが圧倒的に有利だ。しかも、管理が楽だ。

体験上、問題の発生数は、人間の数に比例する。家賃の高さには比例しない。

もちろん、募集家賃が高い物件には、ある程度、売り上げに自信があるテナントが応募してくる。ときには、不良入居者もやってくるが、確率は低い。

近所にテナントがあれば、財務がタイトになる前に「仕草」でわかる。例えば、中古車販売業者の場合、在庫が減るか、価格が安い展示車が増える。仕入れのマネーが薄くなるからだ。

④保険が不要

更地のみで貸す場合は、保険が不要だ。

同じような売り上げの商業物件では、毎月８０００円の保険料を支払っている。

よいテナントと悪いテナントはどこが違うのか

募集方法は、テナント専門の不動産賃貸業者に営業をかけるだけ。これは、貸家やアパートメントと同じだ。

営業をかけたら、必ずインターネットの募集サイトに掲載されているかを確認する。

長年、放置状態の更地に募集をお願いしたところ、数年間、募集サイトに掲載されておらず、放置プレイをされた。気がついてネットに掲載してもらったら、１カ月もたたずにテナントが決まった例があった。

テナントとしては、中古車販売業者が多い。

参入しやすい業界であるが、玉石混交の業界でもある。更地を貸すにあたって、やはり、いいテナントに入居してもらいたいものだ。

いいテナントには次のような特徴がある。

・開業前にある程度の自己資金を持っている

それまで、真面目な人生を送ってきた人だ。また、すでに販売能力が高い人である証明だ。独立前に顧客を持っている人が多い。

顧客を持っていれば、開業後にすぐにクルマが売れる。しかも資金があるので、仕入れも楽。

ちなみに、中古車業界では、顧客のことを「檀家」と呼んでいる。

・真面目な人

入居前に、テナント希望者と面接することがあるが、このとき、ある程度の人物像が把握できる。

自己資金は少ないが、誠実で修理と販売ができる人の場合、入居してもらう。

一方、ダメなテナントの特徴は次のとおり。

・暗い

かつて無口で暗い人がいたが、提示家賃に惑わされて契約した。ところが、開業後、細かいリクエストが多く、困惑した。

土地を貸していることが苦痛になるようなテナントは、事前に見極めよう。

・自己資金が極端に少ない

どの商売でも同じだが、ある程度の自己資金がないと、開業後の運転資金が不足する。

・最初から借り入れで運営を試みる

家賃と借入返済のダブルの支払いで、途中で資金が枯渇する。

・在庫以外のグッズにお金をかける

中古車業界では在庫が命だ。販売する車両以外のグッズの生産や、カンバンや装飾に資金を投入する業者は、長続きしないようだ。

・社名に違和感がある

あまり使わない英単語を社名にしているのもよくない。意味がわからないからだ。

また、頭文字をとった会社名も、初めて訪れるお客様には意味がわからない。

「BKO」「BTY」などは避けるべきだ。

・筆記体のカンバンは読めない

クルマで走っているときに、瞬時に読めない。社名よりも、扱っている商品をカンバンに書くべきだ。例えば、こう表示するほうがいい。

「中古車」「中古車高価買い取り」「クルマ修理」「車検」「タイヤ交換」「そば」「ラーメン」

とにかく、お客様が来てくれることが大切だ。社名は、あとで覚えてもらえばいい。

第2章

なぜ更地賃貸がいいのか

更地賃貸は管理が楽だ

更地賃貸は、管理が楽だ。なぜならば、建物がないからだ。

建物がないということは、建築費がかからない。

とはいえ、ときどきメンテナンスは必要だ。いつかは敷いた砂利が沈んでいき、若干窪む。

そうなったときは、近所のホームセンター「ジョイフルＡＫ」で袋に砂利を詰めて、サンバーに積んで走った。20kgくらいになった袋を20袋、合計４００kgだ。

サンバーが砂利の重みでシャコタンになり、フェンダーがタイヤに被って、見た目はカッコよくなった。

八分ズボン、黄色い土方ヘルメット、剣先スコップ――ナウでヤングなファッションの完全武装で、必死になって砂利を敷いていた。

砂利代は1万円前後。単純な仕事であるが、野球の投手が２００球全力で投げ込んだくらい疲弊する。

現場で労働力投入することが、亡き父の教えであり、カッコいいことだと勘違いしていた。慣れない肉体労働のあとは、筋肉痛が発症し、その後、マッサージにも通った。

のちに、造園業者（通称・キムタククくずれ造園）がテナントについたので、仕事を発注してみた。原材料の砂利と重機と屈強な肉体労働のオニイさん3人がセットになって、2時間の仕事で2万円だった。

時間と労働力を考えると、圧倒的に安いことに気づき、その後、土木工事は、このキムタククくずれ造園に依頼するようにした。

砂利を運ぶ作業時間とマッサージ代が節約でき、結局は、このほうが安くて、クオリティーが高い。

テナントに造園業者がいると、頼もしい限りだ。

インフラや設備が不要、放置プレイでいい

基本的に、電気、ガス、水道などのインフラは不要。インフラ整備するときも、テナントが決まってから営業開始まで1カ月以上のインターバルがあるので、その間に設置すればいい。

また、契約のときに、整備費用はテナント負担か大家負担か、よく話し合うべきだ。カッコつけて、それはワタクシが負担する、というときがある。あとで予想以上に工事代金がかかる場合もあった。

即決せずに、価格をよく調べてから決断しよう。

体験上、家賃を下げて、テナントに整備してもらうほうが、入居後の不満も解消されるようだ。

建物がないので修繕費がかからない

アパート経営で一番お金がかかるのが、建築費と修繕費だ。とくに中古物件の場合、多額のリフォーム代を投入したにもかかわらず、入居者が決まらないときは、無性に腹が立つ。その間、新品の壁紙も徐々に劣化していく。

また、入居者が決まったとしても、最終的には逆指値が入り、家賃の値引きを要求される。大家が投入した費用とオシャレなリフォームを、まったく評価してくれない。

ときには夜逃げもある。

結局、問題は人間なのだ。

ひどい話ではあるが、かつてソ連のスターリンは

「問題を起こすのは人間だ。ならば、人間がいなくなれば問題は起きない」

といったそうだ。

更地でも、ときどき修繕が発生する。

それは、敷いた砕石が沈み、砕石を足すときだ。

費用は、軽度であれば数万円、重度であっても数十万円の世界だ。

アパートだと夜逃げのリスクがある

アパート経営の場合、さまざまな入居者に遭遇する。普通に生活していれば、会うこともない人に、大家と入居者という関係だけで接触しなければいけなくなる。

ときには、家賃滞納や夜逃げに遭遇することもある。家賃滞納も無性に腹が立つが、夜逃げはもっと悲惨である。

2017年3月から家賃の入金が途絶えた部屋。最初は、入居者の安否を気遣っていたのだが、夜逃げと気づいたのは、3カ月後。

まったくマヌケな大家である。夜逃げは、ワタクシにとって初めての体験であった。

【第1段階】

兆候として、それまで電話連絡がついていたのだが、電話に出なくなる。コールバックもない。ショートメールの返信もない。

保証人も心が壊れ、長期入院で社会復帰不可能。

連絡が取れていた唯一の良心的な身内は、お亡くなりになっていた。

勤務先には、なんとか電話連絡がつくが、それでも先方からの返事がない。この上司は、元組織の人だという説がある。

【第2段階】

司法書士に相談して内容証明郵便を出してもらうが、返信なし。司法書士と一緒に物件明け渡しの書類を持って、勤務先訪問を実施。出張の多い仕事で、たまにしか帰社しない。

鶴田浩二みたいな話し方をする、強面の上司が出てきて、対話。

「プライベートなことなので、詳しくは話せませんが、困っています。この書類を、ご本人様が出社したときに渡してください」

大家と司法書士の突然の訪問に、事情を察したのか「家賃のことですか」と、低い声で聞かれ、そっと頷く。男気があって、いい人だった。

また、直後に夜逃げされたアパートに行き、入居者宛てに手紙を書く。A4用紙の上に太い油性マジックで大きく名前を書き、下部に明け渡しと残置物の撤収、しばらくはカギの交換をしないので貴重品は早めに持ち出してほしい旨を記した。そして、ワタクシの連絡先を書き、他人には読めないように折り曲げて、ドアに養生テープで張る。

後日、確認に行ったら、手紙が剥がされていたので、ときどき部屋に戻ってきているのかもしれない。

並行して裁判所に行き、話を聞くが、手続きが面倒で時間がかかる。

【第3段階】

放置プレイがしばらく続き、あきらめの境地。修行僧のような心境で、解脱《げだつ》しそうだ。

連絡もなく、不良債権化していた。繁忙期には5件くらい空室の問い合わせがあったが、残置物満載で案内できず、困り果てる。

【第4段階】

破れたドアから野良猫が入り込み、棲《す》み始める。共同廊下の悪臭で、隣人から苦情が来た。

夜逃げの損失は84万円超！

悟りの境地に達したあと、事態は好転した。

奇跡的に、上司の鶴田さん（仮名）と入居者の後輩経由で、残置物処理受諾の連絡を受ける。荷物は全部、廃棄していいことになった。

2018年4月吉日、入居者の同意を得たので、残務処理開始。

同じアパートに住む財務がタイトな工作員に、アルバイトを依頼した。残置物撤収の仕事だ。工作員の上司の組織の人も、猫の排泄物《はいせつぶつ》にまみれながら手伝ってくれた。この人は、先ほどの入居者の上司とはまた違う人だ。この物件の周辺には、コワい人が多い。

4トントラック一杯半分の残置物&猫の糞を撤収。ワタクシが現場に着いたときには、ほぼ残置物が片づけられていたが、動物園のような猛烈なケモノ臭がする。

窓を開け、換気。

床も汚れているので、土足で上がる。

変なニオイに刺激され、目と喉が痛い。防毒マスクを持っていけばよかった。


翌日、知り合いの大工とまだ作業中の工作員とで、現場で打ち合わせ。

リフォーム費用は、破れたドアと鍵の交換、クッションフロアの張り替えで20万円。うち、オーダーメイドのドア交換だけで13万円。

残置物撤収は7万1000円。これには、工作員を手伝ってくれたコワい上司への上納金も含む。指を詰めろといわれるよりはマシだ。

美装2万2000円。

受取れなかった家賃42万円。合計84万3000円の損失だ。

ワタクシの労働力と傷ついた心、プライスレス。

このほかに、凍結して破裂した水道管の修理と、凍結によって内部が破裂し、玉砕したボイラーの交換費用がかかった。

損失は大きいが、根性で乗り越える。

今回、知人経由で連絡がついて、本当によかった。人間、生きていると、必ず接触している人がいるので、その糸をたぐり寄せていけば、なんとか本人にたどり着くものだ。


このようにアパート経営では、コツコツと貯めた家賃が、突発的な出来事によって、一瞬にして損失補填《ほてん》に充てられてしまう。

それに比べて、更地投資法では、少なくとも原状回復費用は抑えられる。また、受け取る家賃も、ある程度、単価が高い。

月3万円台の家賃で、こんな苦労をするのであれば、いっそのこと、建物自体がないほうがいいのではないかと思ってしまう。

最初は楽しかったアパート経営も、退去、リフォーム、再募集、広告費の支払いの連続だ。そのサイクルが短くなると、なんのためにやっているのかわからなくなってくる。

建物も、北海道の過酷な風雪に晒され、徐々に劣化していく。そのメンテナンス費用も、莫大な金額になっていく。

たとえ一軒家を安く購入できても、さほど儲からない

10万円で購入した一軒家。通称「石狩川ノムコウ」物件。

破格のプライスだった。激安の理由は、毎月1万円の借地代がかかるからだ。

立派な家であったが、住まなくなった家に発生する、マイナスのキャッシュフローに、持ち主も耐えられなかったのだと思う。

屋根塗装、車庫塗装、室内一部塗装、落ちた玄関上の庇の撤去、美装で、リフォーム代は約50万円。

ワタクシ自身も久々に「労働力投入」して、脱衣所にペンキを、剥げた玄関にはステイン（木材塗料）を塗った。そんな努力にもかかわらず、1年半、空室だった。

田舎だったが、5LDKと大きな家だったので、最初は7万5000円で募集。しかし、田舎でこの家賃ではなかなか決まらないので、徐々に家賃を下げていった。

6万5000円で募集していた頃、食堂を開店したいというご年配の女性がいたが、保証人に反対されて転進。惜しかった。

5万8000円で募集した頃に、地元の掲示版経由で、5万円の家賃で決まりそうになったが、保証人なしだった。家賃保証会社への加入も、やんわりと拒まれた。それでもいいかなと思っていたら、連絡が取れなくなった。


直後に、4万8000円に値下げして再募集。すると、4万5000円でほぼ決まりそうになった。若干のリフォーム希望があり、割れた3枚の窓ガラスを交換した。交換費用2万円は、安い。最近よく発注する業者で、元々はテナントの友人だったガラス屋さんだ。

ほかは現状渡し、リフォーム自由という契約で、最終的に4万3000円でマネー成立。

しかし、入居前に水道管をチェックしたところ、10カ所くらいから「世帯同時多発漏水」が発生した。修理に6万3000円かかった。

冬は氷点下になる北海道では、長期間の空き部屋は高い確率で水道管が劣化する。

だから、たとえ家賃が安くても、空いているよりは、少しだけ気分はいい。

最初から5万8000〜6万5000円の範囲で募集していれば、もっと早く決まったのかもしれない。

田舎の家賃相場は、いまだにわからない。５ＬＤＫ、１２０㎡あっても家賃は安い。建物があれば、貸しているときはいいのだが、募集中のときは、リフォーム代をはじめとする維持費がかかるのが難点だ。

土地があれば四代安泰

銀座に購入した一軒家がある。銀座といっても、名ばかりの田舎銀座だ。

２０１６年１月に購入。家賃４万５０００円で賃貸中を、オーナーチェンジで購入した。２０１８年の１月末に退去。

この物件も借地料が毎月５０００円かかるため、購入価格は55万円と格安だった。ただし、建物の名義が変わるため、地主に更新料を26万円支払った。

契約直前の後出しジャンケンのようなご提案だったが、このときは、まだいい投資だと思っていた。

1年後、財務がタイトということで、家賃の値引き交渉が入る。長く住んでいただけるのであればと、家賃3万8000円への減額を受諾した。

その1年後に突然退去。

合計2年、つまらない投資だった。

受け取った家賃は合計約100万円。退去後、62万円を投入してリフォーム。そのほか地代や更新料も払っている。**お金を払って、問題を買っているようなものだ。**

リフォームしても、昭和32年式なので、全然カッコよくならない。敗戦後12年目の赤い三角屋根のボロ物件だ。

リフォーム後は家賃5万9000円で募集していたが、反応が芳しくない。

同時に募集していた役場の「空き家バンク」経由で問い合わせが来たが、4カ月の短期需要。自宅建て替えのためだった。3カ月後の入居希望だったので、保留にしていた。

しかし、3月の繁忙期が過ぎても、反応なし。

そこで、「石狩川ノムコウ」物件の教訓を活かし、家賃を4万5000円に下げたところ、

2週間程で反応あり。4万3000円で入居者が決まった。

やはり、2カ月間で決まらなければ、早めに家賃を下げるほうがいい。

5万9000円のままでも決まったかもしれないが、よくわからない。多分、入居者にとって割安感があれば、決まるのだと思う。


さて、この投資で、誰が一番儲かったかといえば、昭和32年から約60年間、月5000円で土地を貸している地主だ。

60年にわたり、毎月、安定した収入を得ていた。

明治時代、曾祖父が、巨額の借金をして、この辺りの土地をたくさん購入したそうだ。

「あんなに借金をして土地を買って、狂っている」

当時、近所の人の視線は冷たかったという。

それでも土地を貸していれば、四代にわたって安泰だ。

商業ビルはなかなかテナントがつかなくなった

商業ビルも購入した。場所によっては入居者が決まるのだが、もはや店舗を構えて出店する時代ではなくなった。

インターネットの普及により、実店舗がなくても販売ができるようになった。よって、路面に面したテナントはまだ需要があるが、田舎の2階以上の物件には、テナントがつかなくなった。

一度、4階建てのビルを見に行ったことがある。

1階と2階がテナント、3階と4階が居住用だ。1階のテナントと、3階と4階の居住用は満室だったが、2階のテナント4店舗がすべて空室。以前に入居していたゴルフ会員券販売会社のカンバンが残っていた。

この物件は1980年代に建てられたもので、この頃は2階でもテナントの需要があった。

同様に、飲食店用ビルも衰退している。以下のような理由からだ。

・新たに出店する若者がいない
・SNSの普及で、わざわざ一緒にお酒を飲まなくてもコミュニケーションが取れる
・飲酒運転の取り締まり強化
・携帯電話普及による喫茶店の減少
・そもそも酒を飲む人が減った

住宅地なら、とりあえず駐車場で貸せる

住宅密集地の土地は、必ず駐車場として貸せる。そして、やや密集地でも、ほとんどが駐車場として貸せる。テナントの決まらない商業ビルを所有するなら、住宅地にある更地を買ったほうがいい。

ワタクシが借りている札幌市内の駐車場は、毎月７５６０円の賃料。冬場は除雪が入るため、１万８００円になる。

軽く再生コンクリートを敷いただけのダメな駐車場だ。せめて、天然の砕石を敷けば、もっとカッコいい。

冬はプラス３０００円支払っているにもかかわらず、除雪はいい加減で、４ＷＤに乗っていても何度か雪に埋まり、ＪＡＦに救出を求めた。そんな管理がテキトーな駐車場でも、いつも満車で需要が多い。

車庫付きだと、１万～１万５０００円が相場だ。

この周辺は、どの駐車場も９割以上は埋まっている。

ワタクシの所有する札幌市郊外のやや田舎の土地でも、１台３０００～５０００円で貸せる。

土地を所有していない人でも、自宅敷地を駐車場に改造して募集すれば、需要はあると思う。

このとき、「FOR　RENT」や「貸」のカンバンを掲げて、貸していることをアピールすべきだ。

そうしないと、貸駐車場なのか自己使用なのか、まったくわからないからだ。

狭小な土地や変なカタチの土地でも、相場より安ければ、購入して駐車場や貸土地にすればいい。ただし、購入時には間口と奥行きを必ず調べることだ。

間口は最低2m。できれば2・5mは欲しい。

奥行は5m。できれば6mあるといい。

車庫を建てる場合、高さが2m以上あれば、ハイエースやアルファードのような大型マシンを停めることができ、家賃も上がる。車庫は50万円、設置に20万円の費用がかかる。安い業者であれば30万円で建てられる。

ワタクシの友人は、貸車庫を20棟くらい持っていて、月1万5000円で貸している。借りているのは、近所の自動車販売業者。パーツと顧客の冬タイヤの保管に使用しているそうだ。

あるいは、夏しかアウディに乗らない、70㎞離れた遠方のお金持ちが、冬期の保管のために借りているそうだ。決戦に備えてマシンを温存するタイプだ。ほかは、普通に自家用車を停める人か、倉庫として使用する人が借りているという。
駐車場なら、電気もガスも水道も不要だ。

わざわざ巨額の借金をする必要がない

最近は、低金利による自宅建築と職人不足が重なり、建築費が上がっている。多分、東京オリンピックまでは、この状態が続く。わざわざ巨額の借金をするよりも、いっそのこと、更地を更地のまま貸すほうがいいのではないか。

売り上げは低いが、土地をキャッシュで購入してしまえば、長期にわたって借金を返済しなければいけない、というプレッシャーから解放される。

更地を購入したからといっても、何十年も更地のままでなくてもかまわない。時期が来たら建築すればいいだけの話だ。

空手でいう「寸止め」の状態でキープするのだ。

住宅がないから固定資産税の減額はないが、借金もないので、そのまま支払えばいい。減価償却もないが、元本と金利の支払いもない。

損益分岐点を下げるのだ。

電気、ガス、水道はテナントが勝手に整備する

電気、ガス、水道のインフラ整備は、大家が実施する場合と、テナントが自分で実施する場合がある。どちらが負担するかは、家賃によって決まることもある。

「**無傷の三百坪**」と勝手にワタクシが呼んでいる土地がある。

原始時代より、人の手が入っていなかった土地だ。

無謀にもそんな土地を購入し、木を切って開拓した。フラットにして、砕石を敷いたまま放置プレイを実施していたところ、中古車販売業者から借りたいとの連絡があった。

その際、テナントからのリクエストで、上水道だけを引いた。費用は40万円。少し高いと思ったが、月18万円の家賃だったので、負担した。

下水はプラス60万円だったが、あとで引くことにした。

テナントは、どこからともなく、事務所用のプレハブを買ってきて、電気を引いて、内装工事を実施。電気を引く業者として、隣の電気屋を紹介した。

このとき、一緒に簡易トイレも持ってきたので、結局、下水を引かなくてもよくなり、助かった。

茶髪でロン毛のキムタクくずれ造園に貸している土地は、社長自らが重機を操縦して土地をならし、上手に車庫を3個つなげて倉庫にして、電気を引いて活用している。

夏には、その車庫でバーベキューを実施し、楽しんでいる。

もちろん、電気、ガス、水道は整備されているに越したことはないが、それが家賃に大幅に反映できるわけではなく、また不必要なテナントもいる。

したがって、賃貸契約をするときに、家賃などの条件をよく考えてからインフラを整備するほうがいい。

家賃が安ければ、すべて自分でやるという人もいるし、家賃が高くてもインフラを大家に整えてほしいという人もいる。

ワタクシは、家賃が安くても、テナント側でいろいろやってくれる人が好きだ。

大家が負担した場合、想定外に費用がかかったこともある。

「こんなハズではなかった！」

あとで、テナントからクレームが来ることもあった。

また、テナント希望者は、機械に強い人が多く、自分で使いやすいように改造している。

住宅を解体した更地はプラス100万円の価値がある

かつて「五十嵐荘☆改」というアパートを解体したときに、水道と電気を残しておいた。

そのまま新築するときに活用できるからだ。

上下水道を引くことを考えると、100万円くらいの価値がある。

不動産仲介業者にもその旨を伝え、売却の依頼をした。

解体後、数カ月でその土地は売れた。近所に住む若いご夫婦がこの土地を購入し、直後に、家を新築した。

いまにして思えば、土地はそのまま持ち続けるほうがよかったのかもしれない。

売却益には税金がかかるし、次の物件を探す手間もかかる。新しい物件が手に入ったとしても、稼働するまでに時間がかかる。

物件を持ち続け、ほかにいい物件が出てきたら、土地を抵当に入れて資金を借りるのが正解だった。

市街化調整区域でも貸せる

市街化調整区域でも、賃貸需要がある。

その場合、できれば市街化区域に近い調整区域がいい。

なぜなら、商売を営んでいる人が、駐車場や資材置場として土地を探していることがあるからだ。


国道に面する154坪の市街化調整区域を購入した。100m手前まで市街化区域で、近所にコンビニもある。

近くの農協系の中古車販売業者が、社員の駐車場と廃車置場を探していた。そこで、この土地に白羽の矢が立ち、借りてもらえることになった。マネー成立だ。


窪んでいた土地に、ワタクシの所有地から、盛り上がった土を搬入し、フラット化した。手前には砕石を敷き、奥には、経費節約のためにクローバーの種を蒔いた。

土砂の流失を防ぐためだ。

賃貸が決まってから、改めて砕石を敷いた。

電気、ガス、水道もいらない。

なぜならば、駐車場だからだ。

建物の建設はチャンスが来るまでじっくり待つ

更地を持っていると、何度も建物を建設したいという衝動に駆りたてられる。しかし、よく考えてみたら、ワタクシが建てた建物を入居者が気に入るとは限らない。下見のときに、もっと大きければよかったとか、もっと小さい建物でも十分だったといわれても困る。

中古車販売業者なら、建物は小さくても、展示場が広いほうがいい。リサイクルショップは、ある程度の駐車場が確保できれば、室内展示場は広いほうがいい。

更地のまま賃貸すれば、将来、需要があったときに改めて考えればいい。どんな需要にも柔軟に対応できる。

いい土地は、50年、100年持ち続け、子孫に遺すことを考えよう。

先日、若い頃に暮らしていた横須賀に行き、かつて住んでいたマンションから職場までの道をクルマで走った。28年前は、なにもなかった太い幹線道路脇には、びっしりと商業物件が建ち、風景が変わっていた。

30年経てば、事情も変わる。焦る必要はない。土地さえ持っていれば、あとでなんとでもなる。

あのとき、横須賀であの土地を買っていたら、今頃は大金持ちになっていたと思うが、その頃はアメリカに行きたくて仕方がなかった。

青春時代を過ごした土地に戻り、当時、交際していた女性を思い出し、甘酸っぱい思いがこみ上げた。

あの土地も、あの恋人も、もう戻ってはこない。

国家と大企業の投資で価値が上がる

個人の力でどれだけ努力しても、田舎の物件の資産価値を上げることはできないが、ある日突然、土地の価値が上がることがある。

①国家の投資

国家による投資で、周辺の地価が上がることがある。

家の近所の話で恐縮だが、ワタクシの住んでいる市は、かつて札幌郡という住所で、札幌市内の高校に通っていたときに、同じ柔道部の同級生に、

「グンミン」

とからかわれた。

最初はなんのことだかわからずに、意味を問いただすと、

「郡民。札幌郡だから、グンミンだ」

といわれ、愕然《がくぜん》としたことがある。

住んでいる地域で、いわれのない差別を受けるのだ。行政上の線引きで、つまらない思いもした。

当時はこの近辺だけ、国道も片道一車線で、単車で札幌市内から帰宅すると、街灯も少なくなり、少し高地なので気温も下がった。

30年ほど前に、国道は片道二車線に拡張された。「無傷の三百坪」もこの時期に、国家に土地を1割、奉納したようだ。

そして、最近では、国家が草原だった場所に工業団地を造り、大企業を誘致した。物流のために、高速道路の出入口も新設された。

②日本ハムファイターズの移転

2018年春、日本ハムファイターズの新球場移転が決まった。現在使用している「札幌ドーム」の家賃が高すぎ、収益を圧迫したからだ。

もし、ワタクシが札幌ドームのオーナーだったら、迷わず家賃の引き下げに応じただろう。大家として、優良なテナントには半永久的に借りていてほしいと願う。

移転先を探していた日本ハムファイターズは、札幌市に隣接する北広島市に新球場を建設することに決定した。

ワタクシの家からは10㎞ほど離れているが、北広島市が総力を上げてインフラの整備をするであろう。

人間が増えると、周辺の土地の需要が高まり、不動産の価値が上がる。

構想では、新球場の周辺にホテルも建設される予定で、それに伴い、球場を訪れる人と施設で働く人も増える。

ＬＡに住んでいたとき、ドジャースタジアムに行ったことがある。丘の上に球場があり、その周辺には、数万台のクルマを停められる巨大な駐車場があった。クルマを停めた場所の番号をメモしておかないと、帰りにわからなくなってしまう。

アメリカってすごいな、と思った。

21世紀になって、実際にアメリカの球場に行ってきた人が、同じような球場を造りたいと思ったのだろう。

子供の頃は、寒い北海道にプロ野球の球団が来るとは考えられなかったが、屋根のあるドーム球場という手があったのだ。

航空機の路線の増大、空港の発達、格安航空券の普及により、日本列島内の移動が楽になった。新球場予定地の脇には、すでに国鉄の路線があり、駅を増設すれば利便性が増す。千歳空港と札幌駅のほぼ中間にあり、本州からの応援と選手の移動も楽にできる。

札幌ドームからの移転を嘆く人もいるが、ご意見は家賃を下げなかった札幌市と札幌ドームの経営者に伝えるべきだ。

デメリットはテナントがつくまで時間がかかること

更地のデメリットは、入居者が決まるまでに時間がかかることだ。

その間、じっと待つしかない。

電話営業を試みると、大手外食チェーンのＹ社が、東京のマーケティング部門から、わざわざ北海道の土地を見に来てくれた。良心的な会社だ。

しかし、交通量が多くても、近所に徒歩で通える住民が住んでいないと、商売が成り立たないといわれた。

このときは決まらなかったが、交通量の多い太い道路に面した土地を持っている人は、全国チェーンを展開している会社に、積極的に営業をかけてみるべきだ。

金利を支払い家族から資金調達する「家庭内レバレッジ」

通称「無傷の三百坪」は現金決済で入手したのだが、若干、資金が足りなかった。そこで、よくできた妹に金利3％で400万円を借りた。

毎月7万2000円の60回払いだ。

いわゆる「家庭内レバレッジ」だ。妹が作成した借用書に署名・捺印をすると、銀行の窓口で400万円を出金して、そのまま貸してくれた。

「よくできた妹から、金利3％で400万円借りるのです」

銀行の窓口のオネエサンに伝えると、

「余計なこといわなくていいから、ニイちゃん」

といって、窓口で一同爆笑。

ほのぼのとした借り入れだった。

貯金をたくさん持っている妹には、感謝している。

妹も、ワタクシが無担保の土地と建物を複数持っているのを知っているので、貸してくれた。あるいは、金利も3%と、普通に貯金をしているよりよほどいいので、高金利の誘惑に負けて、貸してくれたのかもしれない。

途中、月16万2000円でテナントがついたときは、支払いが楽だったが、1年で卒業してしまい、それから次のテナントがつくまでの1年半は支払いが大変だった。

そのときは、優良な物件の黒字から、妹への支払いに充てた。

再びテナントがついてから、支払いが楽になり、あと30万円ほどで完済だ。面倒なので、繰り上げ返済を考えている。その後は、ほとんどが利益になる。

やはり、いいと思った土地は無理をしてでも買っておくべきだ。

この土地も、100年以上所有したい。できれば、子孫に受け継がせたいと思う。

そのほか、更地にはこんな特徴がある

更地投資には、普通の不動産投資とは違った以下の特徴がある。その特徴を理解した上で投資してもらいたい。

①減価償却できない

建物がないので、減価償却できない。

節税に悩む大家には向いていないが、巨額の借り入れをすることもないので、心は安定する。

②立体感がない

更地のままだと、立体感がなく、通りかかった人は、間口の広さや奥行きがわからない。

この対策としては、倉庫やクルマを置いておくといい。大きさを比較するため、写真にタ

バコの箱を写すのに似ている。

無傷の三百坪も、奥行きが38ｍある。テナント希望の人は現場に来てはじめて、奥行きの深さに驚いていた。

③坪単価の賃料が安いので高い土地ではもったいない

土地を貸す場合、建物付きに比べると、坪単価の収入が極端に安い。全国的な相場はわからないが、毎月の賃料は、ワタクシの場合、坪あたり２００〜１２００円だ。「価格のレンジ」が広い。

国道沿いの商業施設の坪単価は高いが、住宅地は坪あたり５００円以下だ。

つまり、あまりにも坪単価が高い土地は、更地で貸すのはもったいない。

これは、ワタクシにも理解できる。

住んでいる地域や投資する場所によっても違うが、ワタクシの家の近所に限っていえば、坪５万円以下の土地であれば、更地賃貸でも運営できる。

逆に、坪５万円を超えるなら、建物を建てて貸すほうがいい。

更地投資の5つの心構え

更地投資をする際、次の5つの心構えがある。これが身につけば、更地を運営するのがずっと楽になるはずだ。

①短期回収が望ましい

スズキの鈴木修会長は「減価償却が3年以上かかるものには投資しない」という。機械と不動産では若干違うが、利回り3割以上が望ましい。更地賃貸の場合なら、2割以上の利回りがあれば、ありがたい。高利回りで、資金が早く回収できそうな格安物件を探そう。

②シンプルに考える

例えば、ボロ物件を数年後に解体して、更地にして売り出すよりも、近所の更地を最初から買うほうが楽だ。なんでもシンプルに考えるほうが、わかりやすくて、余計な手間もかからない。

③投資は自分でコントロールできるものがいい

投資信託や株では、中間に入る人間が多すぎる。不動産は、ほぼ借り主との直接契約だ。仲介業者以外、間に入る人がいないので、自分でコントロールできるのがいい。

④余計な娯楽が不要になる

どうせ度胸を使うなら、スカイダイビング、バンジージャンプ、ギャンブルよりも、リターンが大きいものがある。チェーンソーで土地の開拓をしたり、金融機関から巨額の融資を受けるほうが、スリルがあるし、経済的に豊かになれるかもしれない。

⑤簡単に買えるものは儲からない

普通に貸せる状態で出てきた売り物件は、それなりの価格なので、面白味もない。創意工夫で改造して貸せる物件のほうが、安く買えるし、造成していて面白い。よく研究して、市場の歪みを見つけるのだ。
そして、龍安寺の石庭をモチーフに、砂利を敷くのだ。

更地はできるだけキャッシュで買う

更地はできるだけ現金で購入したい。現金で購入するメリットは、さまざまだ。

・「鬼のような指値」（商標登録申請予定）が効く
・決済が早い
・金利が不要
・大幅な値引きが可能
・休日でも決済可能
・書類が少ない

・現金と住民票と三文判で決済できる
・決済当日の参加人数が少ない
・無担保の物件が、すぐに手に入る
・何かあった場合でも、売却が早い
・売主が喜ぶ
・将来的に建物を建てる場合、無担保の土地があると融資が楽
・安心
・気分がいい
・気持ちが楽
・夜、ぐっすり眠れる

デメリットは、次のような点だ。

・貯金が減るので、寂しい
・巨額の物件は買えない

- **現金で購入できる金額に限界がある**
- **必然的に、坪単価が安い土地になる**

これだけのメリットに対して、デメリットはさほどない。

資本を蓄積するのは大変であるが、更地投資ではキャッシュが武器になる。頑張って貯金に励もう。

税金は100坪で年数万円の世界

建物がないと、固定資産税が高いのではないかと懸念する人もいるが、大丈夫だ。元々、土地が安い場所を貸しているので、100坪で年間数万円の世界だ。市街化調整区域なら数千円だ。

賃料を考えると、許容範囲だ。

建物があると、土地の固定資産税は減額されるが、今度は建物に税金がかかる。

また、建物のローンの支払いがある。

結局は、国家に税金を支払うか、銀行に金利を支払うか、あるいはその両方でしかない。

どんな不動産でも、いったん所有すれば、支払いからは逃れられない。

更地の利回りはどの程度か

更地の利回りは10％以上あれば十分だと思う。最低でも利回り5％あれば、維持できる。

最近では、首都圏の物件は利回り5％でも売買されている。建物を長期ローンで購入し、金利や建物に対する固定資産税を支払い続けることを考えると、この更地の10％はかなり優秀な成績ではないだろうか。

先に述べたとおり、更地の固定資産税の負担はさほど大きくない。ただし、建物がない分、減価償却もできないという欠点がある。

ワタクシの更地の瞬間最大利回りは、44・9％だ。そのほかに、利回り22・5％、21・6％などの更地を持っている。

更地で利回り20％を超えたら、とてもありがたい気持ちになる。

更地で利回り10％を超えるならば、建物を建てる必要はまったくない。

第3章

どうやって更地を探せばいいのか

まずインターネットで探してみよう

家やアパートの売り物件を探している人は多いが、賃貸用の更地を専門に探している人は少ない。

もちろん、アパートやマンションを建てるため、国鉄（ＪＲ）や地下鉄の駅周辺の好立地の土地を探している人は多い。

ワタクシの検索方法は、家の近所の売り土地を安い順番に並び替えて検討するというものだ。

北海道は雪が降るので、冬の土地売買が停滞する。よって、秋の終わりから春先にかけて、ライバルが少なく、いい物件が見つかる可能性が高い。このとき、間口の広さと前面道路の広さを図面で確認する。

更地を借りる人は、ほとんどがクルマを利用するので、前面道路が広くなければ、駐車時の車両オペレーションが面倒になる。また、北海道では、道路が狭いと除雪車が入らない場合がある。

間口の広さも同様で、縦列駐車よりも、並列に駐車できるほうが使い勝手がいい。同じ面積であれば、間口の広い土地を選択すべきだ。

北海道の場合、西向きか東向きかも重要で、ワタクシは迷わず西向きを選択する。朝日よりも夕日のほうが陽ざしが強く、雪が溶けやすいからだ。東向きの家は、夕日が建物の影になり、3月になってもなかなか雪が溶けない。

これも、慣れてきたら図面の段階で、ある程度、把握できる。

インターネットで発見し、その5分後に見に行って購入した土地もある。

ただし、現地に行ってみると、それらしい売地はない。ニセの情報をつかまされたのか。周囲を探ってみると、密集して茂る1m以上の高さの笹薮の中に「管理地」とだけ書かれたカンバンが隠れていた。これでは、ワタクシでもわからなかったわけだ。

住所がわかれば、グーグルアースで上空からその土地を見てみよう。そして、グーグルストリートビューで旅に出るのだ。

グーグルアースで土地の状態をチェック

インターネットで周囲の環境を把握する。

　グーグルアースであれば、自宅にいながら一瞬にして土地を俯瞰《ふかん》できる。

　グーグルストリートビューも役に立つ。ストリートビューが入れない場所は、道路付けが悪いということだ。

　かつては原野商法が流行り、価値のない更地を買わされた人も多い。恥ずかしながら、ワタクシの亡き父も、相続のときに、苫小牧の原野の一部を持っていたことが判明した。

しかし、21世紀の現代では、テクノロジーが発展し、グーグルアースなるものが出現した。グーグルを使えば、購入を検討している土地の事情がわかり、原野商法に引っ掛かることもない。

売りカンバンを見つけよう

更地を所有するのは、できれば家の近所がいい。

別に、離れた場所に持っていてもいいのだが、毎日、自分の土地を眺めることができると、とても豊かな気持ちになる。

管理も楽だ。将来的に自己使用もできる。

近所をクルマで走っているときに見つけて購入した更地が4筆ある。

また、売っていたことは知っていたが、買わなかった土地も10筆以上ある。いまにして思えば、あのとき借金をしてでも、すべて買っておくべきだった。いまではほとんど売れて、家や商業物件が建っている。もう買えない。

近所に「売地」「売土地」「管理地」といったカンバンがないか探してみよう。先ほど書いたように、藪に隠れて見えなくなっているカンバンがあるかもしれない。注意深く調べてみよう。

また、所有地に「FOR RENT」あるいは「貸」のカンバンを掲げていたら、「隣地を買いませんか?」と打診があった。自分でカンバンを掲げていると、売り情報が集まることがある。常に連絡が取れる状態にしておくべきだ。

先日、珍らしく早起きして朝からボロ軽自動車の塗装を実施していたら、人相の悪い中年男性が停めたクルマの横で、携帯電話で何やら話している。

しばらくすると、ワタクシの携帯に着信あり。所有地の隣地売買の話だった。

なぜ、電話番号がわかったかというと、土地に設置した「貸」のカンバンを見たからだ。更地があっても、カンバンがなければ、所有者がわからない。土地を貸す意思を表示するのだ。これは「土地を貸す」だけでなく、「土地を貸したい」という意思も伝わるので、思わぬ物件情報が飛び込んでくることがある。

自宅の近所に物件があると楽でいい

更地にかぎらず、収益物件はできるだけ自宅から近いほうがいい。理由は、頻繁に巡回できるからだ。

今後、いまよりも歳をとっていく。将来、歩くのも困難になったら、遠方の物件の管理は難しくなる。

全国に物件を持ち、旅行を兼ねて巡回する人もいるが、何年もたつと、その旅費も負担になってくる。移動の時間ももったいない。

旅をする場合は、物件とは関係ない場所に、旅行だけを目的に行くほうが、心が解放される。

ワタクシは自宅から徒歩3分の国道沿いに、中古車販売店2店舗、オートバイ販売業者

1店舗の土地を貸している。

近所に中古車販売業者があると、クルマ好きのワタクシにとっては、とても役に立つ。車検、名義変更、廃車手続き、修理。クルマを預けて、いったん徒歩で帰宅し、修理が終わってから取りに行く。予備のマシンも持っているので、代車もいらない。

テナントとしても、いったん支払った家賃が戻ってくるので嬉しい。

また、テナントから土木工事などの依頼があったときには、近所の住宅地を貸している「キムタククずれ造園」に入ってもらい、工事を実施。近所なので、重機を運ぶコストも少なく、重機を自走して現場まで来てくれる。

新しく入った中古車販売業者の依頼で、車庫を建てたときも「キムタククずれ造園」に依頼した。

ワタクシが受け取った家賃が、テナントの間でグルグル回っているようなものだ。自分だけの通貨を持っているような錯覚に陥る。「マイ仮想通貨」（商標登録申請予定）みたいなものか？

ゼンリンの住宅地図で建物のない土地を探す

ワタクシが急激に近所の更地を買えるようになったのは、ゼンリンの住宅地図を買ってからだ。

住宅地図は1万～3万円と高額であるが、その後の更地賃貸の収益を考えたら、安いものだった。

活用方法としては、次のとおりだ。

①自宅と所有している土地を赤く塗りつぶす

②今後、手に入れたい土地を赤い枠で囲む

③地図をよく見ていると、意外なところに空き地が残っている

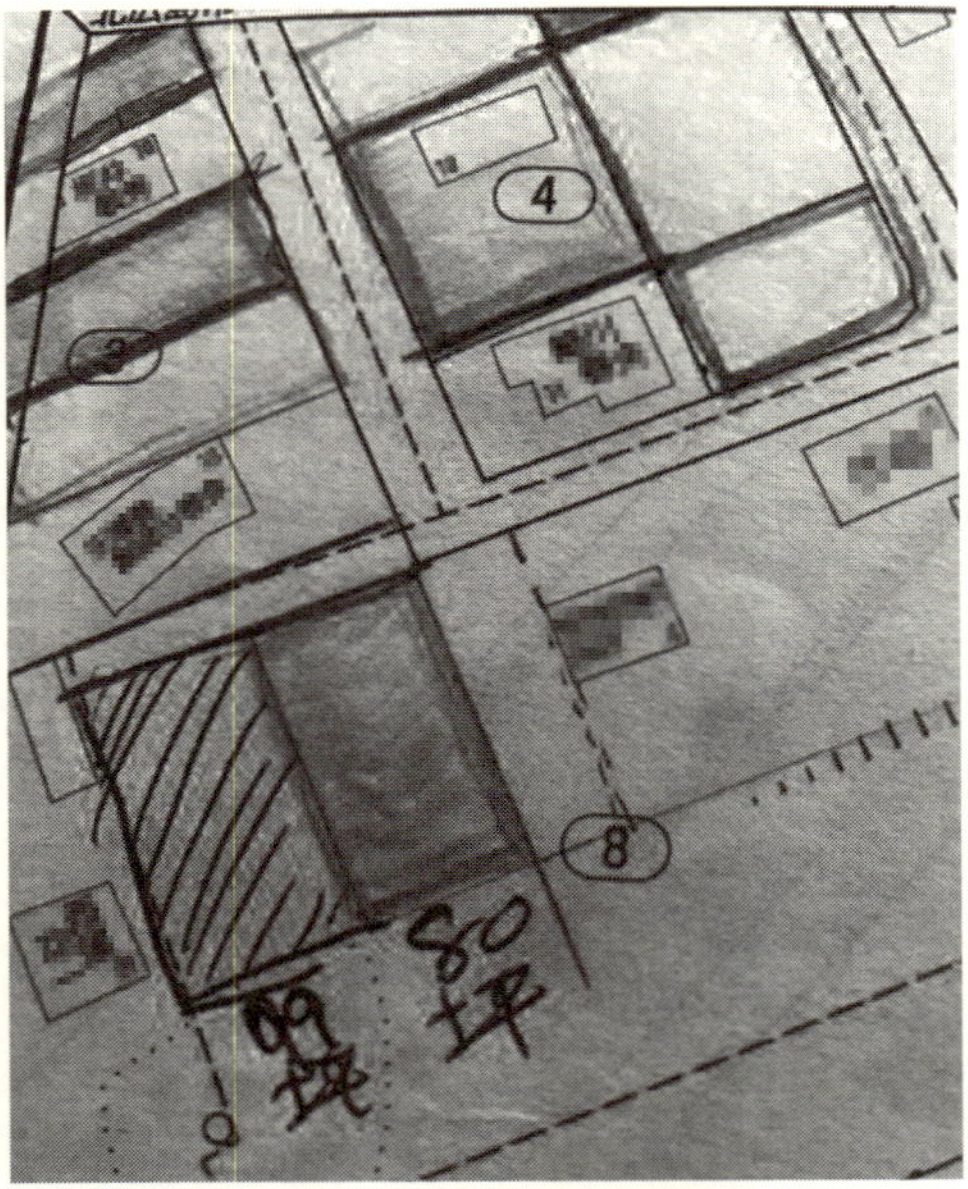

欲しい土地を塗りつぶしていこう

このとき重要なのは、**自分から求めないことだ。求めると、高い買い物になる。**

ただ更地を把握するだけだ。そうすると、しばらくして売りカンバンが立つ。そのときは、すぐに行動しよう。

更地投資法では、すでに発展してしまった場所に物件を買うのはあまりよくない。これから発展しそうな場所や、すでに発展している場所の延長線上に買うほうがいい。

すでに発展している場所は、

取得価格が高い。この場合、建物を建てるほうが高い収益を望める。

これから発展する地域はどこか、どの路線の先が穴場かを見極めるのは、一朝一夕にできるものではない。枕元に地図を置いて、毎日、研究するのだ。

どうしても欲しい土地があれば、謄本を取って持ち主に連絡

めったにやらないことだが、ワタクシは一度だけ登記簿謄本を取って、土地の所有者に直接交渉したことがある。

以前、開拓した国道沿いの土地に中古車販売業者のテナントがつき、さらに、その横のオートバイ販売業者が営業している土地を、そのままオーナーチェンジで購入した。

その2つの稼働を確認し、家賃が少し貯まってから、隣地の謄本を知り合いの不動産業者に取ってもらった。

なぜなら、その土地を貸せるという、根拠のない自信があったからだ。

これが「無傷の三百坪」である。

ただ、ワタクシの予想が若干外れ、購入して開拓したものの、すぐにテナントが決まらず、1年以上、放置プレイを実施していた。

いまは優良なテナントがついて、商売繁盛しているので、本当に買っておいてよかったなと思う。

時として、決断が必要だ。

ただし、売りに出ていない物件を買うときは高くつく。無傷の三百坪は、実際の購入価格の6割がワタクシの希望価格であった。

それに対して、売出し中の物件は、その表示されたプライスが上限である。

原始林状態でも開拓すれば立派な更地になる

更地投資法でいい物件とは、まだ人の手の入っていない土地だ。建物がついて駐車場が舗装されている土地は、売値が高い。すでに、家賃相場もわかっている。面白味のない投資先だ。

しかし、まったく開拓されていない未開の土地は、所有者自身も土地の価値に気づいていない場合が多く、やる気もない。

無傷の三百坪の売主は、**かつて年間１００万円の賃料でカンバンを貸す計画を断っていた**。もったいない話だ。

原始林状態といっても、太い木が多数茂っている土地の開拓は困難であるが、適度に放置プレイされている土地はいい。例えば、以下のような放置状態が狙い目である。

- **笹薮**
- **細い木が無数に生えている**
- **若干の高低差がある**
- **かつて賃貸した形跡があるが、数年間、放置プレイ**

・残置物が残っていて撤収が面倒
・高齢者が持っている土地で、余命があるうちに手放したいもの

これくらい、ゆるく放置されているのがいい。

本当の森林を開拓するのは大変で、行政の許可が必要な場合がある。高低差が激しい土地の開拓も同様だ。この場合、土地が安く買えたとしても、開拓コストが莫大になるので、購入前に必ず調べておこう。

中古戸建が300万円前後で買える場所がいい

更地の探し方として、中古住宅が300万円前後で売られている地域は、賃貸がつきやすく、取得価格も安い。

中古住宅が1000万円以上の地域は、新築アパートの需要がある。

一方、100万円以下の売家が多い地区は、更地を借りる人間がいない。近隣の産業も停滞している場合が多い。

もちろん、地域によって価格差があるので、自分の住んでいる場所の相場を考慮しよう。

この目安からいえば、東京都内の更地賃貸は難しいと思う。土地の坪単価が高いからだ。しかし、狭小地、変形地であれば、安く買えるかもしれない。駐車場1台分、もしくは倉庫を建てると確実に需要のある土地であれば、トライするのもいいかもしれない。

東京や横浜以外の関東なら、土地代が安ければ、十分応用できる。

よくできた東大生のムスコを持つジム鈴木氏（仮名）は、ご先祖様から受け継いだ、水路に挟まれた土地を賃貸募集したところ、資材置場としてテナントがついた。借り主が勝手に橋を造り、運用している。

独創的なアイデアがあれば、どんな不利な条件でも貸せる。

もともと持っている土地の有効活用

更地賃貸で一番簡単な方法は、すでに持っている土地を貸すことだ。

感動的な物件を見たことがある。札幌市内の密集した住宅地にある、敷地の広い一般住宅だ。ブロック塀をハツり、庭にアスファルトを敷き、5台分の駐車場を造成して、1台8000円で賃貸していた。満車であったが、空きが出たときのために、常に募集のカンバンと自宅の電話番号を掲示していた。

この方法はコストもさほどかからず、ご先祖様から受け継いだ土地を手放さず、末代まで維持できる方法だ。

また、田舎の借地権のボロ物件を購入したときの地主も、ご先祖様からの土地を有効活用している。

明治時代に、地主の四代前の先祖が巨額の借金をして、その街の広大な敷地を購入した。

その一帯には、いまでも借地の家が建ち並び、地主は土地を維持しながら豪邸に住んでいる。

四代目は70代で、少しぼんやりしていたが、契約には厳しく、資産を守っていた。

土地があれば、四代、百年にわたり子孫も安泰だ。

当時の巨額な借金も、インフレが進んで相対的には小さくなった。

土地があれば、大東亜戦争中も、戦後の混乱期も、生き延びられるのだ。

突然、売り物件がやって来ることもある

ある、春の日のこと。新しく購入した中古車のテリオスルキアの錆びたフェンダーを自宅前の駐車場で塗装していたところ、近所に、怪しげな中年男性がクルマを停め、携帯電話を取り出して、なにやら発信している。

数秒後、ワタクシの電話に着信あり。知らない電話番号だった。

受信すると、その男性からで、実は不動産業者だった。

聞けば、ワタクシが中古車販売業者に駐車場として貸している土地の隣地の買い取り依頼だった。

「なぜ、ワタクシの電話番号を知ったのですか?」

不動産業者は、駐車場に掲示しているカンバンを見たという。

カンバンがあると、その土地の所有者がわかり、何を目的としているのかもわかる。

低コストで効果のある宣伝方法だ。

電話を切り、10m歩いて、その男性に会いに行く。

お互いに挨拶をした1分後、さらに20m歩いて、売却希望の土地に行く。


この土地は81坪で、右隣のワタクシの土地99坪と合せると180坪になり、将来的に大きなアパートメントを建てられる。建てなくても、このくらいの広さがあれば、駐車場や資材置場として活用できる。

現在、賃貸している中古車販売業者が、そのまま隣地を借りてくれる可能性もある。

なによりも、自宅から歩いて20秒。距離にして20mなので、所有できると楽しい。

先方の売却希望価格は320万円。

坪あたり4万円だ。

しかし、ワタクシは、隣の土地99坪を、かつて200万円で購入している。坪あたり2万円である。その価格から算出すると、売買金額は160万円が妥当ではないか、と提案。

瞬時に却下された。

一時は、交渉決裂になるかと思われたが、隣地なので、どうしても欲しい。買えなければ意味がない。

しかし、こんなときは、欲しい顔をすると負けだ。

ゴルゴ13のように無表情を装い、200万円でいかがでしょうかと、再提示。ダメだったら、もう少しだけ上乗せはできます、と付け加えた。

その価格であれば、売主に持っていけると、その場から別れた。

待つこと、2週間。

土地所有者の提示価格は260万円。

そこで、10mの木が生えたままの現状渡し、左隣の住宅の人が置いた車庫のフレームの撤去依頼をワタクシが交渉するという条件で、250万円でマネー成立だ。伸びた木は、仲介業者がノコギリで切ってくれることになった。

決済時に売主と話した。売主の亡き父は平成3年に81坪のこの土地を1100万円で購入したそうだ。坪13万5800円である。

バブル期には坪10万円を超えていたこの周辺の土地も、坪2万円を底に反転し、現在では上昇している。

ワタクシの希望価格と50万円の開きがあったが、長期的にみると誤差の範囲だ。

この土地は、国道につながる近道で、小学生のときに毎日通っていた。

いまは亡き父が、近所の人のために、雪が降ったときには手作業で除雪していた。あの世で父も、今回の土地購入を喜んでいると思う。

第4章

原始林状態の土地を開拓しよう

ほどほどの荒れ地を開拓する

現在でもときどき、売り土地情報を見ているが、やはり開拓された土地やアスファルトが敷いてある土地、建物のついている土地は、売値が高い。

購入後、すぐに使用できるし、見た目もスッキリしているからだ。

資本力があり、すぐに運用したい人は、こういった土地を購入すべきだ。

しかし、小資本ではあるが、根性だけはある人は、果敢に土地の開拓をしてみよう。

ただし、森林状態だと個人の力で開拓はできない。

売り土地をしばらく眺めて、なんとなく自分で開拓できそうだな、と思ったら買いだ。

ワタクシが好きなのは、田舎のメインストリート。交通量の多い太い幹線道路沿いであれば、さらにいい。

適度に、雑木林や雑草がボーボー生えている土地のほうが安く買える。
高低差がある土地は開拓が困難なので、できるだけ避けたほうがいい。
開拓方法としては、大まかに次のような流れになる。

- 木を切る
- 抜根。つまり根を抜く
- できるだけフラットにする
- やや傾斜をつけ、水はけをよくする
- 土を入れて窪みをなくし、切り込み砂利を敷く
- 転圧して地盤を固める

更地のデメリットは、購入後の開拓費用の予想が立たないことだ。
以下では、参考までに、ワタクシの開拓方法をご紹介しよう。

チェーンソーで原始林をなぎ倒す

木が生えている土地を購入したら、伐採が必要だ。

チェーンソーを購入して、木を切ろう。

ただし、あまりにも太い木は、切り倒すと危険なので、業者に依頼しよう。

「太い木には精霊が宿っていて、切り倒すと祟《たた》りがあるので、自分では切らない」という人もいる。

ワタクシは最初、リョービの電動チェーンソーを買った。静かでよく切れ、振動もなかったが、電気コードが届く範囲でしか作業ができず、土地の開拓には不向きだった。

また、チェーンソーマニアに、電動だとバカにされた。

安売りで7000円前後だったと記憶している。

次に、日工タナカという日本製のチェーンソーを使用していた。1万9800円と安くていいマシンだったが、すぐに刃が減る。3回くらい新品の刃に交換した。維持費がかかって困った。

最後に買って、現在も愛用しているのが、スウェーデン製の「ハスクバーナ」というマシンだ。製造元は、オフロードの単車も製造している会社だ。

よく切れて、刃の減りが遅い。エンジンの回転が速いため、刃に負担がかからないためだそうだ。

価格は3万9800円だった。

木を切るときには、十分な準備が必要だ。ヘルメットを着用し、厚手の服、牛革の手袋、八分ズボンで武装する。

木を切るときの順番もある。

最初に、枝を払う。これは、倒れたときに木がハネないためだ。

次に、倒す側に切れ目を入れる。これは、受け口という。一気に倒れると危ないからだ。

そして、反対側から切る。

小学校の同級生の父親は、木こり作業のアルバイトの初日に、倒れた大木の下敷きになって亡くなった。その後、母子家庭になって苦労したようだ。

本当に危険な作業なので、あまりにも大きな木の場合は、プロの業者に任せたほうがいい。

ここで、チェーンソーを扱うときの注意事項。

・革の手袋を着用。軍手は滑る
・長袖、長ズボンを着用
・ダボッとした服は着ない。チェーンが引っ掛かる場合がある
・ヘルメットを着用。木が人間に向かって倒れることもある
・雨上がりは水分を吸って木が重い
・木を切り倒す場合は、春先か晩秋がいい。葉が少なく軽い。また虫も少ない
・雪の降らない地域なら、冬がいい

このハスクバーナはキャブレターの調子が悪くなり、エンジンがかからなくなった。販売店に修理を依頼するも、修理不能。

そこで、決戦に備えて温存していた、テナントの「ゲルマン・モータース」に修理に出した。チェーンソーも直せるテナントだ。

いま欲しいマシンは、マキタのバッテリー式チェーンソーだ。価格は5万9800円と高価である。勇気を振り絞って、購入したい。

4ストロークの刈払機だと疲れない

刈払機も開拓に役に立つ。伸びた雑草や笹などを刈り取る、エンジン付きのマシンだ。

ワタクシはホンダの4ストロークエンジンの刈払機を持っている。

エンジンの排気量は35・4ccだ。価格は4万4800円。25ccのエンジンであれば、3万2800円で購入できたが、馬力の大きいほうがいい。

1・6馬力あり、生い茂った笹が面白いようにカットできる。

4ストロークは、2ストロークに比べて振動が少なく、音も静かだ。長時間の作業にも耐えられる。

このマシンには大きな刃を付けているので、直径5㎝以下の木であれば、バッサリと切り倒せる。

のちに予備として、カワサキの2ストロークエンジンの刈払機も購入。これは、回転するナイロン製のヒモで、縁石のスキマに生えている雑草をカットするためのものだ。

作業中に、いちいち刃を交換するのも面倒なので、2本に違う刃を付け、並行して使っている。使用頻度の少ない人は、1本で十分である。

開拓に必要なのは中古のパジェロミニやジムニー

草や木を刈り取り、ある程度、土地がフラットになってきたら、今度は砕石を敷いて、転圧しよう。

このとき必要な車両は、中古のパジェロミニがいい。理由は、走破性がよく、購入価格が安いからだ。実は、スズキ・ジムニーのほうがさらに悪路での走破性が高いのだが、中古車市場で人気があり、売値が高い。

四駆のSUVは次の用途で使用する。

・転圧
・冬の除雪。というか雪の圧縮。踏みつぶすだけ
・細い木や雑草をなぎ倒す
・抜根。ワイヤーを付けて根を引っ張り抜く

ちなみに抜根をするときは、木を切ってしばらく放置して、根を腐らせてから行うと、簡単に抜ける。

このような過酷な使用方法であれば、当然、車体に傷がつき、フェンダーが曲がる。あまり高価なマシンだと、開拓を躊躇《ちゅうちょ》してしまう。

よって、できるだけ安くて、壊れてもいいマシンを選択することだ。

あくまでも**「特攻玉砕開拓車両」**として割り切って使用する。壊れたら、また買えばいいだけの話だ。

重機を購入するよりは安く、普通に道路を走行することもできる。

パジェロミニのいいところは、ホイールのＰＣＤ（取り付け用のボルト穴を結んでできる円の直径）が１１４・３㎜であり、数多く流通している中古ホイールを安く購入できる点だ。

ワタクシは夏タイヤとして、かつてクラウンマジェスタ15型に履いていた、２３５／45-17インチの無駄に太いタイヤを履かせている。フェンダーにギリギリの太さで、見た目がカッコいい。転圧するときも、タイヤの幅が広いと、往復する回数が減る。

ジムニーのＰＣＤは１３９・７㎜で、中古ホイールの流通は少なく、あったとしても値段が高い。

「特攻玉砕開拓車両」として使用するなら、維持費を考えると、パジェロミニが一番コストパフォーマンスが高いと思う。

また、ダイハツのテリオスキッドやテリオスルキアもいい。ジムニーの半額で買える。

車両として考えるのではなく、道具として考えよう。

「特攻玉砕開拓車両」で土地を平らにする

近所の国道沿いの154坪を破格の140万円で購入した。売値は300万円だった。3年間、毎年春に「鬼のような指値」を入れていた。市街化調整区域だったため、半値以下にマケてもらった。

国道から奥に向かって窪んでいたため、ほかの所有地から盛り上がった土を運び入れ、転圧し、砕石を敷いた。

それでも、入り口付近の土砂が40㎝くらい盛り上がっていて、敷地に入るのに段差があった。

そこで、決戦に備えて温存していたボロボロのパジェロミニを現場に投入。フェンダーは錆びて、ミルフィーユみたいにボコボコ膨れ上がり、指で触ると、崩れ落ちてしまった。黄ばみがかった白い車体に、黒い防錆スプレーを吹きつけて、そのまま放置プレイしていた車両だ。パンダみたいな柄になった。

しかし、エンジンは調子がよく、よく回る。ターボチャージャーのブースト圧もネジをグルグル回せば簡単にＵＰできるので、馬力が上がっている。

ボロいマシンに太いタイヤを履かせ、走破性をＵＰ。フェンダーにギリギリの太さで、見た目もカッコいい。

アクセルを満開に踏むと、「キュイーン」というターボチャージャーの独自の高い金属音を発して、力強く加速するので、周囲のドライバーもビックリだ。

ギアを四駆に入れて、土地の入口の段差を乗り越え、グルグルと周っているうちに、転圧されてフラットに近い形状に変化していく。

晴れて地面が固まっているときよりも、雨上がりで地盤が緩んでいるときのほうが整地しやすい。

現在では、砕石を敷き、ほぼフラットな土地に造成されている。

雑草をなぎ倒すパジェロミニ

真夏のある日、ふと見渡すと、夏草が伸び放題で、国道から奥が見えない。背の高い雑草は1・5mくらいになっていた。雑草を刈り取らなくてはいけない。

土砂流出を防ぐ目的でクローバーを撒いた場所は、30㎝くらいだ。

とはいっても、気温30℃の中、刈払機で汗だくになりながら仕事をするのは、執筆活動で弱ったカラダには堪える。

ヤギを放牧するのも時間と手間がかかる。

そこで、雑草を刈り取らず、なぎ倒すことにした。

開拓作業に備えて温存していた、朽ち果てて玉砕寸前のパジェロミニに乗り込み、ギアを四駆に入れる。**まるで何かに復讐するようにアクセルを踏み、**雑草の生えた部分をグルグルと旋回。キレイに咲いている花だけ残して、踏み倒す。
15分くらいで作業終了。雑草は、見事に倒れた。
3日後に確認したが、倒れたままだった。根元から茎が直角に折れていた。
これで国道から土地の奥まで見渡せるようになった。
この作戦のメリットを考えてみた。

・費用がかからない
・エアコンが効いた状態で作業できる
・刈り取った草を集める必要がない
・折れた草は自然に枯れる
・カラダが汚れない
・枯れた草は根元でつながっているので、風が吹いても枯れ草は飛ばない
・道具が不要、作業用の四駆があればいい
・15分で終わる
・ストレス発散になる

・冬は除雪にも応用できる。通称・ぶったるんだ除雪

・低コスト。乗車できるタイプのホンダ草刈機は新車で74万８０００円だ。ゴルフ場を持っている人以外は、中古の軽ＳＵＶで十分である

デメリットはあまりない。

・車体に傷がつく

・汚れたマシンを洗車するとき、ガソリンスタンドの従業員がとてもイヤな顔をする

それに、雑草に突っ込み、雑草を踏み倒すのは、超気持ちいい。

軽自動車は車幅も狭いので、入り組んだ場所にも入っていける。擁壁間際の雑草も踏み倒せる。間違ってコスっても大丈夫だ。ボロいマシンであれば、荒れた土地でドロドロに汚れても平気だ。

このときのマシンは車検が切れる直前、投資仲間の特殊工作員（仮名）の所有する

９０００坪の広大な敷地に奉納。ナンバーを外し、廃車にした。

９０００坪の開拓時に、土木作業員のオジサンが乗り、移動用車両として第二の人生を送った。

最近まで、広大な敷地内の移動に大活躍していたが、開拓が終わった瞬間に、ミッションがブローして、壮絶な最期を遂げた。敵と刺し違えて、美しく立派に現場で玉砕したことも、パジェロミニにとっては本望だったであろう。

新たなパジェロミニとの出合い

パジェロミニがなくなり、寂しくなってしばらくたった頃、取引先の不動産会社に勤務する女子社員が、フェンダーの錆びた銀色のパジェロミニに乗っていた。

「いつか手放すときがあったら、ひと声掛けてください」

数カ月後、電話を受信。車検が切れる３日前に購入することになった。

先方の希望価格は1万円。申し訳ないので、買い取り価格を50％ＵＰして、1万５０００円でマネー成立。

錆びたフェンダーにゴムチップ入り錆止め塗装を施し、プラサフという下地を吹いたあと、同じ銀色に塗装。

テナントの中古車販売業者で車検を取る。自走してマシンを運び、徒歩で帰宅。

車検は、若干の整備を含め10万８０００円。塗料は全部で４０００円くらいだった。

タービン脇のネジをグルグル回し、過給圧をＵＰ。特攻玉砕開拓車両二号として、大いに活躍していた。

春先には、冬期間、雪の中に放置プレイしていたメルセデスベンツのオープンカーを、雪どけと共に掘り出し、牽引ロープで引っ張って10㎝ほどの残雪を乗り越え、脱出させた。

このマシンがなければ、あと1週間は脱出が延びただろう。

このパジェロミニは、財務がタイトな入居者に頼まれ、分割払いで売却した。

通称「俺ローン」である。

砂利の目安はどれくらいか？

砂利の分量は、クルマがよく通るところは１００㎜以上、さほど通らない場所は50㎜の厚さでもいい。

砂利を運搬する際に、予備で０・５㎥ほど邪魔にならない場所に積んでおくといい。石が沈んだときに、すぐに補充できるからだ。

できれば、重機を導入したい。近所の土木業者や造園業者に頼んでみよう。開拓費の目標金額は、駐車場２台分で10万円以下だ。

砕石や切込砂利の使用量は、単純に数学の問題だ。中学生の数学の知識があれば、ある程度の計算はできる。

１００㎡に厚さ10㎝の砂利を敷く場合、10㎥必要だ。ただし、10㎝の砂利といっても、転圧すれば圧縮されるので、実際の厚さはこれより薄くなる。

切込砂利のほうが、砂が混じっているので地盤が締まる。1㎥の単価は3000～7000円くらいだろう。

駐車場1台分の面積であれば、大きなホームセンターで砕石を買ってきて、自分で敷くことも可能だ。ただし、気合と根性が要求される。

それ以上の面積になると、運ぶ労力が大変になるので、ダンプで運んだほうがいい。ホームセンターで予約すれば、指定の日時に届けてくれる。

ダンプを前進させながら、少しずつ荷台を上げて砂利を幅広く落としていけば、ならすのは楽だ。近所の土木会社に頼めば、配達してくれると思う。

プロのダンプの運転手でも、土に埋まって動けなくなるときがあるので、注意しよう。ワタクシは現場で、2回、この現象に遭遇した。

この場合、救出のダンプが来るまで工事がストップしてしまうので、搬入する前に、運転手に地盤や側溝の位置について説明するほうがいい。

細かい砕石のほうが見た目はカッコいいが、すぐに土に埋まってしまう。

大きい砕石の場合、土に埋まる速度は遅いが、駐車場や中古車展示場には向かない。理由は、タイヤが傷つくような気がするからだ。
いい方法は、最初に切込砂利を敷いて地盤を固め、その上に、細かい砕石を敷くことだ。見た目もカッコいいし、機能的でもある。

また、最近、学習したことがある。いままで砕石を厚く敷いていたのだが、土を敷いて、その上に火山灰を敷き、さらに砕石を薄く敷くほうが、コストがかからない。土や火山灰は、無料の場合が多いからだ。ただし、運送費がかかる。

手抜きの除雪方法

ワタシの投資エリアの北海道では、冬に大雪が降るため、除雪を避けることはできない。除雪には、次のようにいろいろな方法がある。

・スコップを使って人力で実施
・除雪機
・重機投入
・業者委託

北海道の高齢者が家を手放す理由は、除雪から解放されたいということが多いようだ。

ワタクシの場合、除雪機も持っているが、「ぶったるんだ除雪」と称して、四駆のマシンで前後してグリグリと雪を踏みつけ、圧縮するという戦法をとっている。積もった雪の上を四駆が反復ピストン運動をして、雪を踏みつぶす。車内は暖房が効いているので、カラダに優しい。

しかし、調子に乗って実施していると、ときに失敗して座礁し、ＪＡＦのお世話になることがある。

重機を購入してもいいのだが、年に数回しか使用しないので、夏は不良債権になる。雪の少ない年はもったいない。

そこで最近は、テナントの「キムタククずれ造園」に除雪を依頼している。重機で短時間に除雪してくれて、しかも操縦が上手だ。

費用は1カ所5000円。一昨年は4カ所で1万3000円だった。昨シーズンは除雪を2回入れた。毎年、雪が積もる量によって異なる。

一度重機を入れたら、あとの除雪は簡単だ。ぶったるんだ除雪で対応できる。

どうせ溶けてしまったら、単なる水だ。

物件が近所に数軒あると、作業効率が非常にいい。移動に時間がかからない上、ほかの所有地に雪を積み上げることができる。

更地ではないが、アパートの1棟にはホーマックという会社の除雪サービスを入れている。もう10年くらい依頼している。入居者の除雪隊長がリーダーとなり、集めた雪をダンプに積んで、雪捨て場まで持っていってくれる。

太陽光融雪もある。簡単でコストも低い。

方法としては、砂を手でバラ撒くだけだ。力士が塩を撒く要領だ。

原理は単純で、水を吸って黒くなった砂が、太陽光を吸収して発熱し、雪を溶かす。砂は自重で垂直に落ちるので、補充は不要。

冬の北海道でも陽ざしが強いときには、シロップをかけたかき氷のような感じで、雪が、数時間で溶けていく。若干の雪が積もっていても、いつの間にか砂が現れ、雪を溶かす。最近、編み出した戦法だ。もっと早くから実施すればよかった。

砂は、ホームセンターで20kg５８０円前後で売っている。

デメリットは、見た目が汚いことだ。

しかし、雪は毎年3月末にはすべて溶ける。春になれば、砂は自然と土に還る。

リフォーム道具や砕石を積むならスバル・サンバー

開拓に必要な道具を移動させるには、軽のワンボックスカーが最適だ。

これも、中古車がいい。なぜならば、現場に行くと汚れるからだ。汚れた道具も積みっぱなしにできる。ときには、簡易転圧も実施するので、できれば４ＷＤがいい。

なかでも、スバル・サンバーがオススメである。

理由は、エンジンが最後部についているRR（後輪駆動）で、荷台の位置が低く、荷物を積み込みやすいからだ。また、重心が後方にあるので、悪路や重い荷物を積んだときでも安定した走りを見せる。

先日、テナントの中古車販売業者のところへサンバーに乗っていったら、社長の友人の若い大工から質問された。

「職業柄、大家さんにたくさん会っているのですが、みんな金持ちなのに必ず軽のワンボックス車に乗っている。なぜなんですか？」

「多分、維持費が安く、容積率が高くて荷物がいっぱい積めるからだと思う」

『となりの億万長者』（早川書房刊）には、「億万長者は、一ポンドあたりの値段が安い大型車を買う傾向にある」と書いてあった。つまり、**金持ちは、安くて容積率の高いクルマに乗っている**のだ。

廃車になったサンバーなら倉庫として活用できる

廃車になったサンバーにも活用方法がある。土地の一番奥に置き、倉庫として活用。第二の人生を歩ませるのだ。

元々、サンバーは荷台が広く、荷物を大量に積める。タイヤがあって高床式なので、湿気も入らない。フェンダーがネズミ返しの役をして、小動物や昆虫も入り込まない。

元々、自動車なので、車検が切れてナンバーを返却しても、敷地内であれば移動もできる。移動式倉庫だ。

土地に余裕のある人には、オススメの戦法だ。

普通に小さい倉庫を買って設置すると、最低でも10万円はかかる。

廃車を解体屋に奉納しても、1万5000円前後の買い取り価格だ。

奉納はいつでもできるので、できるだけ活用したほうがいい。

開拓してくれる人材を仲間にしよう

「木こり太郎」という愛称の友人がいる。大企業に勤めているが、以前は造園業でアルバイトをしていて、チェーンソーの使い手である。

購入した国道沿いの土地の大木を切って、雪が降る前に開拓をほぼ終わらせてくれた。木こり作業のほかにも、事前に積んでおいたダンプ5杯分の土を手作業でならし、土地をフラットにしてくれた。

土木試験の問題集を読んで勉強した結果、山のように積んだ土も、転圧すると約4分の3の容積になってしまうので、土や砂は多めに搬入するほうがいい。

更地ではないが、最近購入した住宅のリフォームと駐車場造成をお願いする優秀な人材を紹介しよう。

近所で売りに出された340万円の家に、「鬼のような指値」（商標登録申請予定）を入れて250万円で購入した。築40年、庭木がボーボー。駐車場の造成が必要だ。この物件の再生には、以下の人材を投入する。

①ペンキ王（仮名）

真面目な性格であるが、逆に真面目にギャンブルに没頭してしまい、財務がタイトになったようだ。知り合ったきっかけは、元々、ローンが組めないので、ワタクシの軽自動車を割賦（通称「俺ローン」）で販売したことである。

ある日、電話を受信。

「今月は財務がタイトなので、1カ月、支払いを待ってほしい」

「それはいいけど、なにか特技はないのでしょうか？」

聞くと、かつての仕事で建物メンテナンスをしていて、ある程度のリフォームができるという。そこで、そのとき購入したばかりのテナントの室内塗装を依頼したのが付き合いの始まりだった。

昨年購入した一軒家の決済の1週間前、なにかバイトがないかと着信あり。おそらく、ワタクシの随筆（ブログ）を読んでいたのであろう。
ちょうど屋根のペンキを塗る仕事があると伝えると、大喜び。財務がタイトなようで、先払いを希望。1万円と資材を配給した。

②便利屋ＫＡＺ（仮名）

新聞の折り込みチラシを年老いた母が、壁に張っていた。その業者が便利屋ＫＡＺだった。元陸上自衛隊員で、定年後、便利屋開業。最初は、出張のタイヤ交換を依頼した。タイヤ交換の仕事ぶりが素晴らしかったので、その後、仕事を発注するようになった。

今回は立木伐採、雑草刈取り、それらの廃棄を依頼。動きが機敏だ。道具を取りに行くときも、走る。よく働く兵隊さんだ。予算は、1万〜2万円程度。時給２０００円で算出している。

温存していた砕石を大きなバケツに積み、ハイエースに乗せて1㎞離れた現場まで運び、駐車場の造成をしてもらった。ワタクシよりも年上の兵隊さんに激しく働いてもらうのも申し訳なかった。

③キムタクくずれ造園（仮名）

ワタクシの土地を借りているテナント。茶髪、ロン毛、キムタク風味の容貌。庭の開拓と砕石を敷いてもらい、駐車場拡張の予定だ。最近は、いただく家賃以上の仕事を発注しているのが気になっている。

国道沿いの154坪の造成と、無傷の三百坪の車庫設備をしてもらった。

④大工のジョー（仮名）

商業物件「フランクさかえ」のリフォームで知り合った。近所の塗装屋さんの紹介だ。腕のいい大工で、小さな仕事でも引き受けてくれる。

玄関・天井修理。一部壁紙張、フローリング、クッションフロア張りをしてもらった。壁紙の資材は廃車になったサンバーに在庫あり。かかった費用は約30万円だった。

壁紙交換、簡単な塗装など、なんでもできる。手先が器用である。

⑤挫折したミュージシャン美装（仮名）

近所の美装業者。美装の場合、４ＬＤＫで5万５０００円の費用だ。

更地開拓では、残置物の撤収もやってくれる。放置プレイされていた材木、タイヤ、犬小屋の撤収を依頼したこともある。この業者の友人が、ユニック車をもってきて運んでくれた。費用は忘れてしまったが、忘れたということは、数万円の世界だったと思う。

その後、購入した70万円の家も、残置物撤収と美装を依頼。合計16万円＋消費税だった。

土木会社の社員をアルバイトに雇おう

数年前に398万円で売り出されていた一戸建に「鬼のような指値」(商標登録申請予定)を入れて、250万円で購入。庭木が伸び放題だった。

1台分しかなかった駐車場を造成したとき、最初に、木こり太郎を投入し、木を切った。

次に、土木会社に勤務する会社員にアルバイトを依頼。木こり太郎が木を切ったあとに、土木工事の会社の中年隊を投入。ヘルメットと剣先スコップで武装している。

このときは、気温12℃と寒かったが、根性でメルセデスの屋根を開けて、現場を訪問。

威嚇のため、寺尾聡のＣＤを大音響で流す（注：全然、威嚇になっていない）。現場に現れたワタクシを見て、中年隊のセンターを務める60代前半の太った労働者が、手を叩きながら大喜び。

「ベンツ、ベンツ～！　やっぱりベンツはカッコいい」

中古のメルセデスで、こんなに喜んでくれて、ありがたい限りだ。

そして、ホイールローダーを投入。休日に、会社から拝借したマシンを操ってもらい、駐車場の造成を開始した。

資材と機械とオペレーション込みで総額10万円の工事費用だった。自分でやることを考えたら、安いと思う。

なによりも、プロは技術力が違う。土地の奥までフラットになったので、土地が広くなったような気分だ。

中年隊のメンバーの一人は、米軍が湾岸戦争で着ていた砂漠用の戦闘服を身にまとい、ユンボを操る。マシンと人間が一体化しているようなテクニックで、上手に地面を削る。これが本当の「地面師」である。

坂井三郎先生の本に、零戦にカラダが馴染んでくると、スピナーは鼻の先、両翼は自分の腕のような感覚で戦闘機を操ることができると書いているが、それに近いものだと思う。

高さ80㎝、奥行き5m、幅8mの地面を削ったら、4トンダンプ4杯分の残土が出たので、国道沿いに所有する土地の窪んだ部分に持っていき、埋め立てることにした。自分の土を自分の土地に搬入するのは楽しい。

前方後円墳のように中央部が盛り上がった状態で開拓がストップしていたが、雪が降る前に造成した。

この家は、月8万5000円で優良な入居者に貸している。

山と谷のセットで買う

もう10年以上も前の話である。小樽市に古家付きの土地が出ていた。解体して駐車場にすれば、貸せる立地だった。

紹介された60代の強面のオジさんに会って、話をした。この人も、収益物件を何棟か持っている。

「アンタ、面白いから、俺のクルマに乗れ。物件を見せてやる」

興味を持ったので、助手席に乗った。道中、不動産投資の極意をレクチャーされる。まだ始めたばかりのワタクシにとっては、ためになる話であった。

「ところで、どんな土地を買えば一番儲かるか知っているか？」

わかりません、と応えると、

「それは、山と谷をセットで買う。なぜならば、山を削って谷を埋める。これが一番儲かるのだ」

多少、強引な開拓方法であったが、考え方には納得した。

このオジさん、クルマの中で、

「俺が徴兵に行っていた頃……」

と切り出す。少し若いなと思いつつ、徴兵とは満州に行って戦っていたのでしょうか、と質問した。

「馬鹿野郎、そんなに年を取っていない。業界用語で懲役のことを徴兵っていうんだ」

失礼しました。

「これから行く工場は、俺が競売で落とした物件だ」

大きな鉄工所に連れていかれた。コワいお兄さんが10人くらい溶接機械を持って働いていた。

「あいつら徴兵帰りだから、ボッコ（棒）でブン殴らないと、いうことを聞かねぇんだ」

毒を持って毒を制すではないが、暴れる従業員を抑えるのは、もっと強い人でなければいけないようだ。

恐ろしくなって、その後は連絡していないが、この日の授業は、その後、少しだけ役に立った。この数年後には、盛り上がった土を削り、窪んだ土地を埋めて応用していた。

ちょっとした仕事なら便利屋を投入する

本格的な工事を実施するほど大規模でなく、かといって大家が一人で「労働力投入」するのは困難な作業は、近所の便利屋に頼んでみよう。

最近、ワタクシが仕事を依頼している「便利屋ＫＡＺ」は、数時間で終わる簡単な仕事も引き受けてくれる。

時給は２０００円。

現代では、ネットで「地名　便利屋」と入力すれば、近所の便利屋が見つかる。ただし、人によって真剣さとプライスが違うので、最初は小さな仕事を依頼して、その実力を判断してみよう。

ワタクシが便利屋ＫＡＺに頼んだ仕事は、温存してあった砕石を、購入した戸建に運び、駐車場を造成するといった仕事だ。体力を消耗し、面白くもなんともない仕事である。

秋の終わりの気温が下がった野外で、汗だくになりながら黙々と一輪車に砕石を積み込んでくれた。それをハイエースに積んだ大きなタライに移し、一杯になったら移動して、駐車場で砕石をならすのだ。

ワタクシよりも年上の人に、こんなつまらない作業をしてもらって申し訳ないです、というと、「気にすることはないですよ」と、笑顔で答えてくれた。

ブロック塀不要論

大阪の地震で、ブロック塀が倒壊し、女子小学生が亡くなった。ご冥福を祈る。

この倒壊事故について、大家として、いろいろ思うことがある。

どう考えても、ブロック塀が高すぎる。プールの目隠しが必要だったら、ほかの材質を使用すればいいのではないか?

盗撮防止対策であれば、現代なら道路に向けて防犯カメラを設置すれば、一瞬にして解決できる。敵の盗撮に、カウンターを当てるのだ。制度がテクノな時代に追いつかないのだ。

ブロック塀の中に入っている鉄筋も貧弱だ。入っていたのは短い鉄筋で、20cmほどである。どう考えても、強度不足だ。

『大空のサムライ』の坂井三郎先生は、生前、ブロック塀不要論を唱えていた。

巣鴨にある先生のご自宅を訪問したときにも、塀はなく、２mほどの幅の庭に、家に並行して、ホンダのCR‐Xデルソルという、屋根が取れるマシンが置いてあった。零戦みたいなクルマだ。

ブロック塀があると、倒れる危険がある。陽当たりが悪くなり、塀の中に不届き者が隠れやすくなる。ドロボウの被害にも遭いやすい。

ワタクシも中古住宅を購入すると、必ずブロック塀をハツり、砕石を敷いて、駐車場を造成する。

とくに雪の降る北海道では、塀があると、塀の裏側に積もった雪を除雪するのが大変だ。塀がなければ、そのまま重機が入り、1分で除雪できるところを、1時間の手作業になってしまう。

近所でも、クルマの所有台数が増えてきたこともあって、40年前に立派な塀で囲っていた家が、塀をハツり、間口を広げている。

同じく近所の鉄筋コンクリートの立派な塀を持つ家は、敷地内に4台のマシンを停めることができず、ただでさえ雪で狭くなった道路に路上駐車をして、冬期は通行の邪魔になっている。おまけに、近所の更地に勝手に2台駐車している。

塀がなければ、そのまま敷地内に駐車できる面積があるにもかかわらず……。

このような例は、大型マンション、学校や図書館などの公共施設にも多く、わざわざ間口を狭くして、駐車するときに何度も切り返しをしなければいけないようにしている。誰も得をしないのだ。

結局、見た目の豪華さや美しさのために、日々の生活が犠牲になっている。

儲かるのは、設計した建築士と建築業者、土木業者のみだ。

そこに建築費を投入するのであれば、LAみたいに、1階がすべて駐車場で、自動シャッター付きの大きな入口がある物件を造ればいい。

ワタクシが最近購入した70万円の物件も、左側には幅1・5m、右側には幅6mのブロック塀があり、間口は2・5mほどである。

当時のブロック塀の建造費は、推定で100万円。立派ではあるが、駐車するときに、切り返しが面倒だ。

おまけに、右側のブロック塀の中には、土が盛ってある。新築当時は、花壇か家庭菜園を実施していたのかもしれない。

しかし、空き家となったあとは、1mの高さでフキが生えて、旧日本軍兵士が出てきそうな状態だ。

ハッって駐車場を造成するにも、二業者から見積もりを取ると、25万～50万円かかるという。

2倍の差は何かと疑問を持ちつつ、左半分だけハツれば、半額になると考えるケチくさい自分がいる。

新築時に、わざわざ莫大な費用を支払って塀を造り、のちにお金を支払って塀をハツる。掘った穴を埋めるような、バカバカしい作業だ。

どうしても、他人の目が気になるのであれば、木を植えるほうがいいと思う。

クルマの所有台数が増えたときには、木を切ればいいだけの話だ。

領土の主張よりも、機能性を重視しよう。

第5章

更地の借り手は意外なところにいる

カンバンを立てるのが安くて効果的

テナント募集のため、「無傷の三百坪」にカンバンを設置することにした。

ワタクシが考えたデザインを、若手デザイナーが最新のコンピュータを駆使して印刷。

それを拡大してカンバンに張りつける。

走行中のクルマから、はっきりと認識されやすいように、インパクトのあるデザインを考えた。

かつてのドイツの有名な政党の旗をモチーフにして、赤い下地の中央に大きな白い円。

その中に、太いゴシック体で「貸」の文字を配置した。

裏側のデザインは、赤い下地に白で「ＦＯＲ　ＲＥＮＴ」と書いている。

カンバンの大きさは、横３・６ｍ×縦１・８ｍ。畳４枚分、２坪の大きさだ。

遠方からでもよく見え、迫力がある。

表は「貸」、裏は「FOR RENT」が一目でわかる

カンバンの下部には、「テナント募集、貸土地、貸家、貸カンバン」と書いた。設置料込みのプライスは16万円だった。

不動産にまったく興味のない友人の梅沢クン（仮名）からも着信あり。

「カトちゃん、あれいいね。すぐわかるよ」

カンバン設置日の前日は猛吹雪で、積雪約30㎝。当日も大雪。おまけに、隣のテナントがカンバンの設置予定地に除雪した雪を集めていて、標高150㎝の雪山ができていた。真冬にカンバンを設置する作業は困難を極める。

トラックにカンバンを積み、ハイエースに支柱を積んで、現地に集合。カンバン屋の社員3名が黙々と雪山に穴を掘り、氷点下の北海道で労働力投入だ。

凍った土を60㎝掘り、単管を立てる。

このとき重要なのは、道路に対して垂直ではなく、約30度の角度をつけて設置することだ。上から見ると、V字型だ。これで、走行中のドライバーから認識されやすくなる。

また、カンバンの裏に2本の単管を横に通すことにより、強度を確保する。風に強い構造だ。

単管を組むときも、結合部分を強く締めつけるのではなく、遊びを持たせることによって風圧を分散している。

高さは4mまでであれば行政の許可は不要だが、実際はそこまで高くすると、強風で足が折れる場合があるので、あまりオススメできない。

カンバンは高すぎても、よく見えない。走行中のクルマから見える高さがいい。1・7mくらいの高さだ。

このようなノウハウも、プロに発注したからこそわかることで、自分で勝手に考えて設置しなくてよかった。

設置後は、嬉しくなって、意味もなく何度も国道を往復した。白い雪の中に見える赤いカンバン。進行するに従って「FOR RENT」の文字が大きくなる。反対方向から走ると、赤い背景に黒いゴシック体で「貸」と見える。

このインパクトは強烈で、一瞬で意味が理解できる。

カンバン設置直後に、「企業のカンバン設置希望」の連絡があった。設置したばかりの「貸」のカンバンを確認済みで、本社に稟議《りんぎ》を上げるという。

結局、この案件は決まらなかったが、宣伝効果があることがわかった。

図解でわかる簡易カンバン

自分で設置する場合

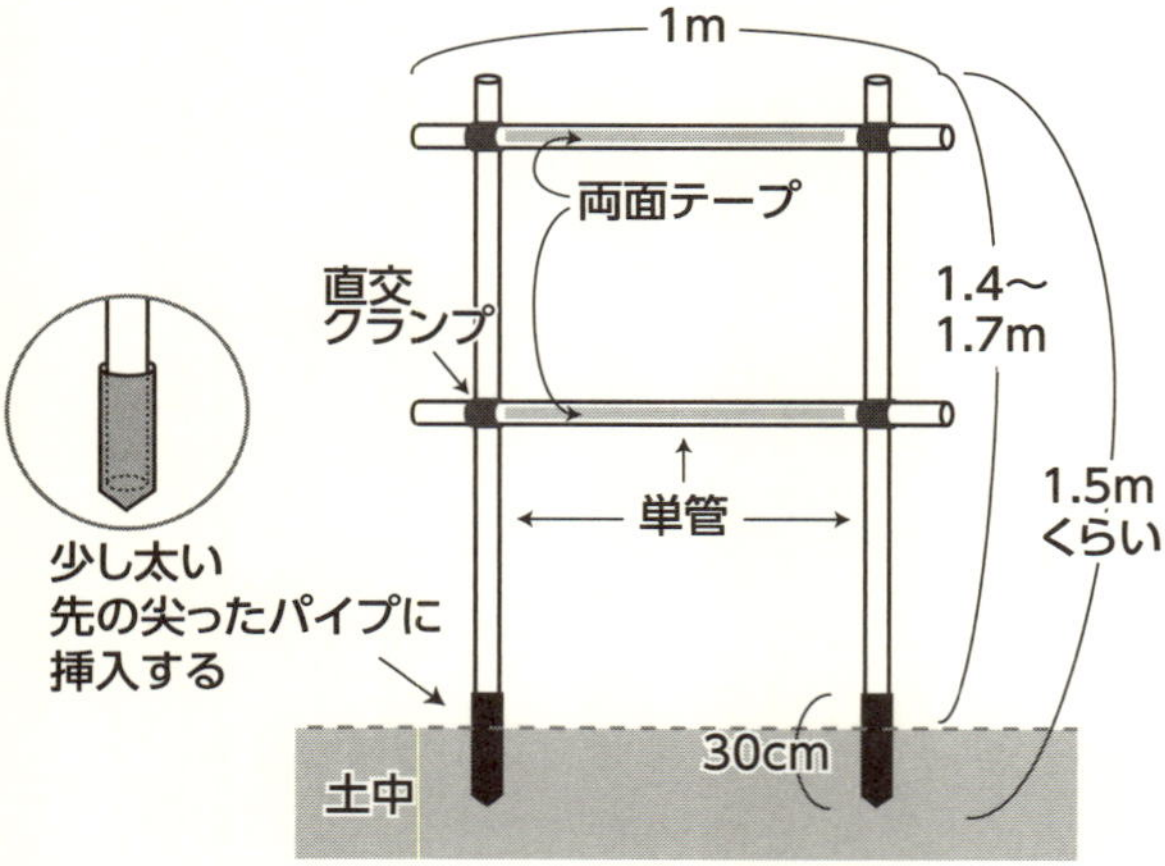

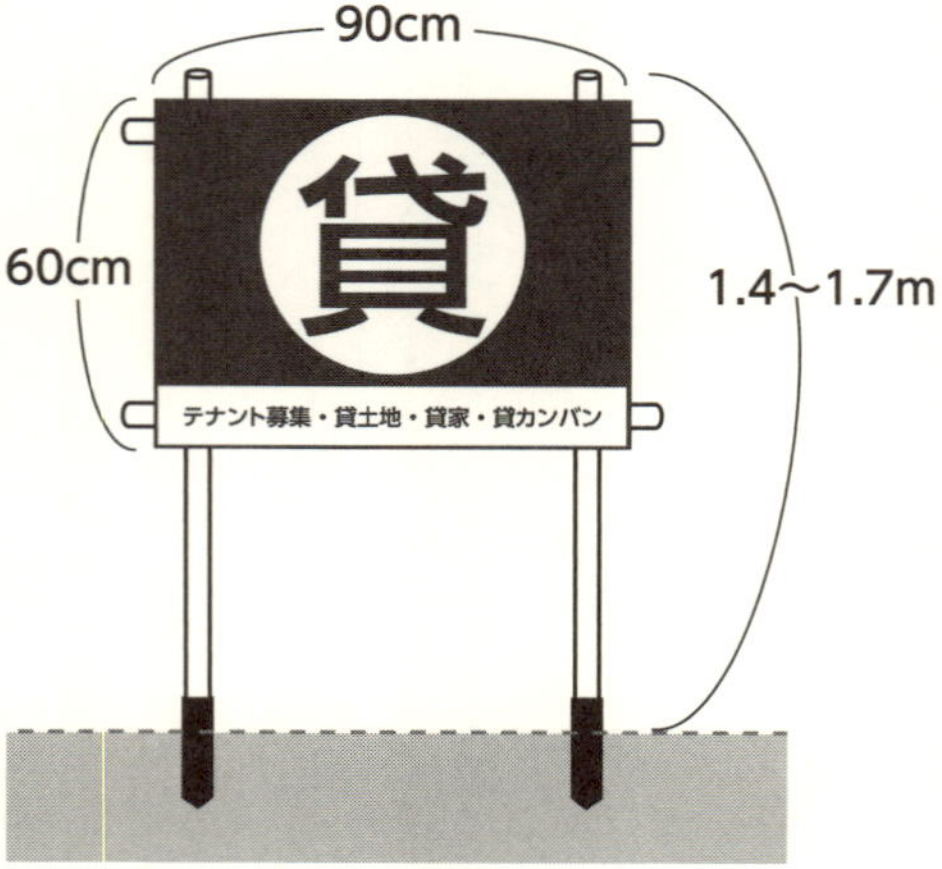

カンバン広告は、近所をクルマで通行する人に、即効性があるのかもしれない。

賃貸後も、そのまま掲示していたかったが、現在はテナントの社名が入ったカンバンになっている。カッティングシートで社名を印刷し、退去時にはそれを剥がせば、すぐに「貸」のカンバンに戻るようになっている。

カッティングシートでカンバンを上書きする

嬉しくなって、国道沿いのもう1つの更地にもカンバンを設置することにした。こちらは180cm×90cmのサイズ。畳1枚分である。二面のうち片面は、いまあるカンバンの枠と単管を再利用するので、設置費用が安くなる。

このサイズが、一番コストパフォーマンスが高い。設置費用は5万円くらいだった。

元々、国道に対して水平に設置されていた「売物件」のカンバンを、購入後、そのまま譲ってもらった。

こちらには、カンバン業者に頼み「貸」のカッティングシートを張った。また、同じサイズのカンバンを作り、こちらには「ＦＯＲ　ＲＥＮＴ」と書き、角度を30度に調整して設置した。

隣は１１５度の角度のついた道路で、国家の設置したガードレールがあり、それに並行するようにバランスよくカンバンを設置した。

また、横幅１ｍ以内のカンバンであれば、風の影響も少なく、自分で単管を組めると思い、ジョイフルＡＫで資材を調達。直径２㎝ほどの細めの単管２ｍを２本、１ｍを２本、単管をつなぐ直交クランプを８個購入した。

単管でフレームを組み、直交クランプで単管を固定。地面に先の尖った金属製の杭を打ち込み、その穴にカンバンの単管を挿入すれば、カンバンの固定枠は完成だ。素人でもさほど難しくなくできる。

すでに書いたように、カンバンは道路に対して角度をつけるのがポイントだ。理想は30

度。この角度は、走行中のクルマから認識しやすいためだ。

ダメな例は、道路に対して水平、あるいは垂直に配置されているカンバンだ。

ワタクシが購入した国道沿いの更地にも、売りカンバンが建てられていたが、道路に対して水平に設置され、3年間、売れなかった。ワタクシも何度か通って、しばらくしてから、やっと売り土地だと気づいたほどだ。

ただし、歩行者が多い場所では、水平のカンバンも効果がある。

カンバンを見る人の速度によって、角度を変えるべきだ。

テナント専門不動産業者に営業してみよう

更地を更地のまま貸す場合、最初にテナント専門の賃貸業者に連絡をする。札幌市の場合、居住用賃貸業者とテナント用賃貸業者は分かれている。

また、賃貸業者に依頼したときは、アットホームなどのインターネットサイトに掲載されているかを必ず確認することだ。

数年間、賃貸がつかなかった土地を調査してみると、ネット上にまったく掲載されていなかった。ところが、近所の別の業者に依頼すると、すぐにアップしてくれた。そして、1カ月で賃貸が決まったのだ。空白の期間は、なんだったのだろうか。

そのときは、現場から8㎞ほど離れた会社が借りてくれた。カンバン掲示だけだと、近所の人からしか認知されないという欠点がある。

外食産業のチェーン店などに自ら電話で営業する

無傷の三百坪に、なかなかテナントがつかなかったとき、外食産業の出店部門に直接電話してみた。

北海道の餃子専門店「M」は、札幌市内にしか出店しないといわれ、一瞬にして玉砕。

大手全国牛丼チェーン「Y」は良心的で、東京本社に電話をしたら、北海道の現地まで見に来てくれた。

しかし、付近の住民の数が少ないという理由で却下。クルマだけでなく、歩いて食べにくる人が多い人口密度の高い住宅地のほうが、外食産業には賃貸しやすい。

立地がよくないと、外食チェーンは出店してくれないが、最初から自分でダメだと判断する必要はない。企業のマーケティング部門が、出店できるかどうかを判断してくれる。よって、先方の会社に委ねるほうがいい。

恥ずかしさを乗り越えて、玉砕覚悟で営業の電話をしてみよう。

どんな業種の需要があるのか

カンバンを掲げ、賃貸不動産業者に営業を始めてから、問い合わせのあった業種は、中古車販売業、バス業者、タクシー業者、芝生製造業者などだ。

カンバン経由での問い合わせが7割、不動産業者経由が3割である。

ただし、カンバン経由で来る入居希望者は、希望家賃が低く、必ず「鬼のような指値」（商標登録申請予定）を入れてくる。これはワタクシの戦法であるが、逆は困惑する。

カンバンを見てきた人は、しばらくたって、こちらから発信しても、電話に出なかったり、出たとしても冷たいことが多かった。

不動産業者経由で来る人は、比較的、撃墜率（成約率）が高い。家賃の指値もあるが、緩い。

①中古車販売業者

問い合せの約7割が中古車販売業者だ。個人で独立しやすい業種のため、問い合せは多いが、なかなか決まらない。

決まらない理由は、ほとんどが家賃だ。最初は25万円で募集していたが、なんと家賃も5万円にマケてほしいという「鬼のような指値」が入ったこともある。

むしろ、ある程度、家賃が安ければ、開業したい人はたくさんいる。最低100坪くらいあれば開業できる。

北海道の個人事業主では、家賃は20万円が限界のようだ。それ以上支払える人は、土地と建物ごと買ってしまう。

テナントとしても、利益から家賃を支払うので、あまりに家賃が高いと、商売が長く続かないのだ。

②バス会社

バスの駐車場にしたいという問い合わせも数件あった。

ただし、300坪では少々狭く、敷地内でバスを転回できる面積が必要だという。所有している隣の土地も足せば540坪くらいにはなるが、すでに賃貸中で、優良なテナントにわざわざ転居してもらうことはできない。

結局、ワタクシの土地の入居を決めずに、ほかに土地を紹介してほしいといってきた。

最近は、海外からの観光客も増え、新千歳空港も海外直行便が増えた。バス会社も、業務拡張のため、営業所を増設している。郊外でも幹線道路や、高速道路のエントランスが近い場合、需要がある。そのとき、バスは重量があるので、アスファルト舗装をしているほうがいい。

2、3社から打診があって現場に立ち会ったが、決定には至らなかった。

③芝生養殖業者

ゴルフ場の芝生を養殖するという珍しい業種からも問い合わせあり。北海道は気温が低く、冬は芝生が育たないため巨大な倉庫を建ててほしいといわれ、転進した。

この業種なら、もっと奥地の土地が安い場所で芝生を養殖してもいい。国道に面している必要がない。

テナントはできるだけ大家の設備投資を求めてくるが、大家はその逆だ。

④重機駐車場

高速道路のメンテナンスをする会社から、重機の駐車場としての打診があった。近所に高速道路の入口があり、場所がよかったからだ。

いい話であったが、その後、連絡が取れなくなった。

⑤タクシー会社

小泉政権の規制緩和で、小規模なタクシー会社の開業が可能になった。何件か問い合わせがあったが、これから開業するという人がほとんどで、具体的なビジョンがなく、成約には至らなかった。

⑥中古ゴルフクラブ販売会社

中古ゴルフクラブの販売会社から問い合せがあった。国道沿いの物件で、すでに借り主が決まったあとに来た案件だ。

物件の周辺にはゴルフ場が多数あり、シーズン中は多くのゴルファーがクルマで通過する。ピッタリのテナントだったが、すでに賃貸中だったので、転進。

もっと土地を買っておくべきだった。

「国道沿い」「間口が広い」「展示できる」といった特徴がある土地は、中古車販売業者に一番適している。

テナントがつくまでは時間がかかるが、いったん入居者がつくと、仮に退去したとしても、次のテナントが決まることが多い。走行中のクルマから見て、テナントが営業しているイメージがつくのだと思う。

なぜ中古車販売業を開業したがるのか

国道沿いの土地に、中古車販売業者の引き合いが多い理由を考えた。

まず、走行中のクルマからの認知度が高い。通勤で朝と晩、必ず2回通る人が、朝、展示車両の中から気に入ったマシンを発見し、帰りに確認して購入に至るというケースが多いと、テナントの中古車販売業者から聞いた。

業者がオークションで購入したマシンを搬入するときも、前面の道路が太いと出し入れが楽。クルマが売れた場合は、納車が楽である。

ネットで発見して現車を見に行くとき、土地勘のない人でも店舗にたどり着きやすい。販売業者にとっても顧客にとってもメリットがあるのが理由だ。

そのほか、中古車販売業者が多い理由を分析してみた。

・開業資金が少なくてもいい

飲食店や携帯電話販売店、不動産業者などは、1000万円以上の開業資金を必要とする。しかし、中古車販売業者は、300万円あれば開業できる。自己所有物件、あるいは店舗の家賃が安ければ、最低100万円の資金で、なんとか営業を開始できる。

クルマは動産なので、不動産よりも流動性が高いところがポイントだ。売れ残った在庫でも、オークションで売却すれば、数日で換金できる。

株でいうところの「回転売買」で会社を大きくした経営者もいる。

・独立精神が旺盛な社長が多い

学生時代に、いわゆる「ツッパリ」だった人や元不良の社長が多い。つとめ人の世界では通用しなかった人々かもしれない。

しかし、その分、根性があり、起業家精神がある。人に使われるのがイヤな人も多い。

ワタクシがロサンゼルスに住んでいたとき、プールサイドで見た刺青の入った日本人は、中古車販売業者か古着屋だった。制度に縛られない自由な業界であるのかもしれない。

・仲間を大切にする

開業後しばらくすると、ある程度、クルマは売れる。身内や友達が買っているようだ。開店直後に、店舗を訪問すると、必ず誰か遊びに来ていて、事務所にいる。

また、内装などは、身内や友達が手伝って改装してくれることが多い。テナント自身のコミュニティを作りたいのだと思う。友達や檀家（業界では顧客のことをこう呼ぶようだ）が多い人は、ネットよりもコネクションで販売している。

いわゆる、マイルドヤンキー的な人が多い。高校生のときのような「不良の溜まり場」的な場所を求めているのだ。

・一人でも開業できる

社長が一人だけでも開業できる。人手が必要な納車のときだけ、アルバイトを雇うか、身内に手伝ってもらっているようだ。個人の住宅に在庫を置いて営業している人もいる。

中古車のオークション会場に行けばわかるが、世の中にこんなに中古車販売業者がいるのかと、驚かされる。一昔前に流行した、銀色の金属製のアタッシェケースを持っている強そうな人も多かった。

・高級ブランド店舗は来ない

高級ブランドの時計やバッグの店は、ワタクシの所有地では開業しない。なぜならば、人が多く集まる、もっと立地のいい街中に出店するほうが効果があるからだ。

中古車販売業者はどんどん増殖していく

幹線道路に面した広い土地を持っている人で、更地賃貸したい大家は、中古車販売業にターゲットを絞って営業すれば、高い確率で入居が決まるかもしれない。おシャレなテナントは、まず無理だ。最初から、あきらめよう。泥と油にまみれる商売が向いている。

また、近隣に中古車販売業者が多数ある場合、ほぼ間違いなく、入居者は中古車販売業者だ。近隣同士、展示車種には気を遣うようで、うまく棲み分けができている。

ワタクシの土地の近所では、次のような中古車販売店があり、切磋琢磨している。

・安い軽自動車専門店
・新車に近い高級車とミニバンが多い店
・ゲルマン製オートバイ専門店
・４ＷＤ専門店
・新古車専門店
・アメ車重視の店
・ＶＷビートル専門店
・農業用車両専門店

東京では近隣店舗がライバル意識を燃やし、同じような車種を並べ、価格で競い合う消耗戦に突入するが、田舎ではお互いに気を遣い、あとから出店する店舗は、先に出店している店舗とバッティングしないような車種を並べる。

また、自分の「芸風」に似ている業者がすでに出店している場合、その近隣での開業を見合わせる。

10年前まで1店舗も中古車販売業者がなかった地域でも、2、3店舗出店すると、急激に中古車販売業者が増える。最初に出店した社長に聞くと、この地域に出店すると、売れる場所だと勝手に思い込むそうだ。

テナントに中古車販売業者があると、大家も楽しい

ワタクシは現在、中古車販売業者に2店舗、中古車販売業者の在庫置場に更地2区画、オートバイ販売業者に1店舗、土地を貸している。

狭い地域に、クルマ、オートバイ関連会社が5店舗だ。

それぞれ、得意分野がある。

軽自動車専門のテナントの社長は、整備が得意だ。仕入れたマシンを自分で整備して、販売している。車検は主にここで取る。

また、ぶったるんだ除雪や草木をなぎ倒したあと、パジェロミニのフェンダーが微妙に

歪む。そのときに絶妙なテクニックで上手に修理してくれる。プライスも良心的だ。精算時には、若干だが上乗せして支払うようにしている。

拙著『ベンツは20万円で買え!』（ダイヤモンド社刊）にも書いたが、ワタクシは、販売価格50万円、下取りに2台のマシンを入れて現金20万円で購入した、メルセデスベンツSLKというオープンカーに乗っている。

何度かここで車検を取ったが、今回の車検は、古くなったのでちょっと難しいと、柔らかく断られた。

ほかにも1軒、打診したが、20万円くらいかかるという。20万円のマシンを、20万円で車検を取るのも負けた感じがする。

すべてをあきらめて廃車にすることも考えたが、まだまだエンジンの調子はよく、もったいないと思った。しばらく考え、車高を上げた四駆を大量に販売している、半グレ風味な社長の店に持っていったら、格安な価格で車検を取れるという。

今回は、この中古車販売業者で車検を取ることにした。料金は10万8000円だった。

各販売店によって、それぞれ得意分野があるので、マシンに種類と修理状況に合わせて店舗を選ぶことができる。

近所に数店舗あると、車両の移動が楽である。修理や車検のときにクルマを預け、徒歩で帰ることができる。

ただ、先方も忙しい時期があるので、ある程度、店の空気を読んで修理を依頼しよう。

付加価値をつけると、引き合いも増えて賃料アップ

高い賃料に目がくらみ、テナントからのリクエストをすべて受け入れて、事務所と車庫を設置した経験がある。入居後もリクエストが多く、翻弄された。

結局、この会社は財務がタイトになり、1年で卒業。つまり、退去である。

苦悩した日々は、なんだったのだろうと敗北感に打ちひしがれたが、卒業前に次のテナントが決まった。

入居決定の理由は、すでに電気、ガス、水道、事務所、車庫のインフラが整っていたか

らだ。砕石を敷いただけの、なにもない更地も紹介したが、反応はなし。どうすればいいのかわからなかったそうだ。

すぐ営業できる状態であれば、早くテナントがつく可能性が高い。

次に決まったテナントは、人柄もよく、真面目に働く人だった。

ワタクシの友人は、更地に車庫を建て、月１万５０００円で貸している。倉庫としての需要もあるようだ。青空駐車場の２~５倍で貸せる。ＲＶ車やミニバンが入る大きさの車庫であれば、さらに賃料は上がるかもしれない。創意工夫で、乗り越えるのだ。

忍耐力が大事、１年以上空いていてもテナントは決まる

居住用と違って、テナントの更地は、なかなか借り手が決まらない。１年以上空いてい

た物件もあった。

こんなときは気力も萎えてしまうが、根性で乗り越えよう。必ず理想に近いテナントがやって来る。

決まらなかった理由を分析してみよう。

・家賃が高い

テナントの希望家賃と乖離していることが多い。そんなときは、募集家賃を徐々に下げてみる。納得がいかない価格でも、テナントが入らないと家賃はゼロだ。

ワタクシの目標利回りは20％であるが、更地で10％あれば、ありがたいと考えるべきだ。

・開業後のイメージがつかない

土地に立体感がないと、普通の人は開業後の想像ができない。対策として、小さなプレハブ式事務所を設置するだけでも、イメージが湧きやすくなる。中古の軽自動車を1台置いておくだけでもいい。

・広すぎる

土地が広い場合は、分割して貸す。ただし、奥のほうでも国道に面するように工夫しなければいけない。電話を受信した時点で、最低、何坪必要か、物件の案内前にテナント希望者に聞いておくべきだ。

・狭すぎる

土地の面積が足りない場合もある。このときは仕方がない。ただし、ほかにもっと広い土地を持っていれば、そちらをオススメする。また、近隣に他物件があれば、セットで貸してみよう。

不動産業界用語で、これを「抱き合わせ商法」あるいは「合わせ技」という。

申し込みが重なるので、複数の物件があるといい

募集家賃を25万円から20万円に下げた直後に問い合わせが殺到した事例を紹介しよう。重なるときは重なるもので、1年以上、テナントが決まらなかった土地に、1カ月間に3件連続で入居申し込みが入った。

場所は無傷の三百坪で、業種は3件とも中古車販売業者だ。

1件目はキャンピングカー製造会社。ほぼ決まりかけたが、具体的な入居日を徐々に延期された。テナント賃貸業者の担当者が電話をしても、電話に出なくなった。おそらく、並行して別の物件も探していたのだと思う。

その直後に、2件目の申し込みがあった。二番手だとあらかじめ伝え、1件目の不動産賃貸業者に事情を説明。結局、一番手の人は、ほかの場所で営業することになり、二番手に連絡し、賃貸契約成立。

しかし、重なるときは重なるもので、その1週間後に、三番手から入居の打診あり。「なんとか覆すことはできないか」と賃貸不動産業者に説得されたが、「道徳的に考えて困難かと思われます」と回答。結局、そのまま二番手に決定。

このように、空き期間が長い物件でも、急に申し込みが殺到することがあるので、あきらめてはいけない。何事も辛抱だ。

そして、複数の申し込みのチャンスを逃さないためにも、いい物件が出てきたときに資金があるなら、迷わず買っておいたほうがいい。

百年のスパンで見れば、少し高く買ったとしても誤差の範囲である。

資産価値のない土地の活用法

太い幹線道路からも遠く、道路づけも悪い、田舎の土地の活用法がある。

ピークは過ぎてしまった感はあるが、太陽光発電であれば、田舎の資産価値のない土地でも活用できる。

ワタクシの友人、「一万坪倶楽部会長」のヴィンセント氏(仮名)は、3万坪の広大な農地を所有している。かつて溜池だった部分を埋め立てて、現在は太陽光発電パネルを設置して売電している。

敷地内で、肉牛の放牧もしているので、太陽光パネルの下の伸びた草を、牛が食べるそうだ。よって、草刈り不要。メンテナンスフリーである。

太陽光のインカムゲインと、仔牛のドナドナ・キャピタルゲイン（仔牛売却益）で、もはや悠々自適だ。

最初は嬉しくなって、発電のメーターを毎日見に行っていたそうだが、北海道電力から毎月安定した収入があるので、いまではほとんど見ないという。冬の発電量は低下するのかと思いきや、逆に、雪による光の反射で、発電量が増すらしい。

北海道は緯度が高く、南中高度が低い。また、雪が降るため、太陽光パネルの設置角度が45度くらいである。

２０１７年に鹿児島に行ったが、陽ざしが強く、南中高度も高いため、太陽光発電パネルの角度も推定で20度くらいだった。

緯度によって角度が違うのも、いとをかし、である。

第6章

誰でも簡単にできる更地の管理法

家の近所だと便利だが、離れていても運営はできる

管理することを考えると、ベストは自宅近所に更地を買い、徒歩で巡回するのがいい。常に視察できるし、掲げたカンバンを見たテナント希望者にも、少し待ってもらえば、その場で交渉できる。

雪が降ったあとの除雪もできるし、ちょっとだけ時間が空いたときでも、簡単な作業ができる。戦争にたとえると、補給が楽な場所だ。

ただし、離れた場所でも、管理はできると思う。

条件としては、すでに、ある程度開拓されていて、現地に行かなくてもいいこと、あるいは、購入後、数回の現地入りで貸せる物件に開拓ができること。

補給路は伸びても、日帰りできる範囲がいい。

基本的に、更地は「放置プレイ」でいいのだが、ときどき状況を把握して、伸びた雑草を刈ったりしなければいけない。立木も、太くなる前に切ったほうが楽だ。邪魔にならない場所に立っている木は、切らずに温存しておくのもいい。大日本庭園風味な更地も、持っていて豊かな気分になるし、カッコいい。

ワタクシの更地開拓の完成型は、「龍安寺の石庭」である。

以前、龍安寺の写真集を買って、石庭の研究をした。自宅前の土地の開拓時、元々あった松の木と直径1ｍのコケを残し、周囲に白い砕石を敷いて大日本庭園風味に改造した。数年間は、窓から庭園を眺めて、幸せな気分になった。

現在は、クルマが増えて駐車の邪魔になったので、残念だが、松の木を切ってしまった。コケも乾いて枯れてしまった。

木がなくなり、陽当りがよくなったためだ。

放置プレイでＯＫ！管理というほどの管理はほとんどない

更地は、いったん開拓してしまえば、ほぼ放置プレイでＯＫだ。

ただし、借り手がつかなければ、砕石を敷いてキレイに転圧した更地も、どこからともなく草の種が飛んできて雑草が生えて、荒れてしまう。

この場合、雑草をわざわざ抜かなくてもいい。

草の根が微妙に絡み合い、砕石や土が雨で流れ出るのを防ぐからだ。業界ではこのことを「草の根運動」と呼ぶ。

ただ、雑草だけだと殺風景なので、ワタクシはキレイな花の種を蒔いた。土地の端のクルマの通行を妨げない部分や、枯草や余った土砂を積んだ山に、花の種を蒔く。

咲く時期が異なる花の種を蒔けば、常になんらかの花が咲いているので、ちょうどいい。

あまり背が高くならないような品種を選ぶのが秘訣だ。

コストを考えて部分的に整備する

更地の賃貸募集をする場合、森林や荒地のままだと、まずテナントはつかない。ある程度、加工しなければ、テナント希望者としても、開業後のイメージが湧かないのだ。最低でもフラットにする。あるいは、緩い傾斜をつけ、水はけをよくする。

かといって、過剰な整備も不要だ。

アスファルトやコンクリート舗装を希望するテナントは、契約時によく話し合って、それから決めるほうがいい。

ほとんどのテナントは、整備された敷地よりも、許容範囲の姿であれば、家賃が安くなることを望むようだ。

よって、最初からすべてを整備しなくてもいい。すぐにテナントが決まるとは限らないし、投資した資金が固定され、回収できないほどつまらないことはないからだ。

例えば、巨額なリフォーム代を投入しても、入居者がすぐにつかないアパートや家を多く見かける。また、大家が新築で建てた建物を、テナントが気に入らないこともある。建てたあとで、「もっと大きいほうがよかった」あるいは「もっと小さくても家賃が安いほうがよかった」といわれても困る。

入居が決まってから入居まで、最低1カ月の猶予がある。長ければ3カ月後の入居だ。その間、テナントも家賃を支払いたくないのだ。

すでに開業している人は、借りている物件の退去手続きまで時間がかかる。サラリーマンから独立する人は、退職手続きと資金調達に時間がかかる。

よって、面談時に、先方の希望をよく聞いてから工事に入るほうがいい。

また、家賃の値引きによっては、テナントが工事の一部を負担する場合もある。

ワタクシも何度か経験したが、高額の家賃提示に惑わされ、先方のリクエストを受け入れて多額の工事費用を負担したものの、結局、テナントの経営自体が成り立たず、1年未満で卒業した人もいた。

無傷の三百坪は、開拓後、角地の道路に面した一部に「L字型」に砕石を敷いて募集した。ほかの部分はコスト削減のため、クローバーの種を蒔き、雨による土砂の流出を防いだ。しばらくしてテナントが決まってから、残りの賃貸部分に砕石を敷いた。

テナントがプレハブ式の事務所を自分で購入して設置。

このときのリクエストにより、上水道のみを引いた。費用は40万円。ちなみに、下水道を引くとプラス60万円だった。

このテナントは1年で卒業したので、いま思えば、ベストな方法があった。それは、ワタクシの所有する隣の物件のテナントに水道代金を支払って、水を借りるべきだった。ちょうど、外部に水道がついていたからだ。

建物の要望があったら簡素なものでいい

更地にテナントが決まったら、先方から、事務所的なものを建ててほしいと、要望があるだろう。

この場合、家賃を値引きしてでも、できるだけテナント側に設置してもらうほうがいい。大家負担で設置した場合、のちのち細かいリクエストが続くことが多いからだ。

設置するにしても、簡素な建物でいい。スーパーハウスをレンタルしている会社もあるので、それを活用するのもいい。

中古専門のスーパーハウスの展示場もある。

北海道では、「ナガワ」という会社の展示場に、20個以上のスーパーハウスが展示されているが、価格は少し高い。

事務所は中古のスーパーハウスでいい

ネットで検索すれば、いろいろと安い中古品が出てくるが、運搬費用や設置費用をどうするかが問題だ。ネットで購入する場合でも、必ず現場に行って現物を確認することだ。

販売業者から購入するメリットは、運搬や設置のノウハウを持っていることだ。費用は別料金であるが、搬入から設置までの流れがスムーズだ。

また、展示場でいろいろ探せるのもいい。新品も取り扱っているので、中古価格との比較も容易だ。

スーパーハウスは、案外、耐久性もあるようで、ワタクシの知り合いの中古車販売業者は、10年くらい前に、推定築25

年ほどのスーパーハウスを購入して使っているが、いまだにしっかり根性で建っている。もし限界が来たら、また中古のスーパーハウスを購入すればいいだけの話だ。

テナントの文化遺産を活用しよう

店舗を開業するにあたって、テナント側としては、できるだけ経費を抑えたい。大家としても、できるだけ設備投資を回避したい。

以前のテナントが残していった文化遺産があれば、それをうまく活用することで、お互い出費を抑えることができる。

ワタクシも文化遺産を買い取ったことがある。

無傷の三百坪は、更地に砕石を敷いたままの姿で、カンバンを立てて賃貸募集をしていた。募集家賃に指値が入ったので、現状渡しという条件で賃貸契約が成立。

テナント側が、どこからともなくスーパーハウスと簡易式トイレを運んで設置した。聞けば、セットで120万円だという。運搬と設置で10万円。向かいの電気工事業者に電線工事をしてもらい、10万円かかった。

トータルで140万円。

ただ、このテナントは1年で卒業してしまった。卒業時に、相談を受けた。

「スーパーハウスを買い取ってください」

別に買い取る義理もなかったが、なにもない更地よりも、事務所がついているほうが次のテナントに貸しやすいと考え、買い取ることにした。

40万円という「鬼のような指値」の買付を入れたが、押し戻され、結局、買い取り価格は70万円でマネー成立。簡易トイレ、電気、電線、電光掲示板付きだ。高いのか安いのかわからない。

ちなみに、簡易トイレは、下水道につながっていない汲み取り式であるが、下水をつなげば、すぐに普通のトイレとして活用できる。

しかし、買い取り後1年以上、テナントがつかなかったので、失敗したなと思った。

簡素な建物なら管理もほとんど必要ない

テナントが退去後、1年以上、買い取った事務所を置いたまま賃貸募集をしていたが、その間に見に来たテナント候補者からの評判はよかった。

スーパーハウスの事務所は4m×8mくらいの広さ。デスク、パソコン、ソファーなどを設置しても余裕があるスペースだ。暖房は、以前のテナントが置いていったものがある。

このように事務所があると、開業後のイメージがしやすく、すぐ営業できるのだ。決定はしなかったものの、もし物件を借りるとすれば、そのまま使いたいという人がほとんどだった。

たとえ不要な場合でも、ほかに更地を持っているので、移動も簡単だ。

募集中はとくに劣化することもなく、カギも開放したまま、放置プレイを実施。中の設備は、暖房以外、以前のテナントがすべて持って行ってしまったので、ドロボウが入ったとしても、なにも盗むものはない。

この半額で買い取った事務所は、次に入った中古車販売業者がそのまま使用している。貸土地、事務所はオマケという条件だ。現状渡し、リフォーム自由。新しいテナントは、どこからともなく大工を連れてきて、床を張っていた。電光掲示板も、そのまま活用。

春先に地盤が緩み、床が下がったとのことだったが、見に行くと、自動車用のジャッキを入れて、床を上げていた。

貸土地、建物はオマケという契約なので、メンテナンスはテナント負担だ。

ただし、入居直後の春に、雪どけ水で地盤が緩み、砕石を入れ替えた。

工事費用は40万円。テナントからのリクエストもあり、長く営業してくれるなら、という条件で、この費用のうち1カ月分の家賃18万円をワタクシが負担した。

これを業界用語で「引き分け」という。

第7章

ワタクシが運営している更地を大公開

251万円で買った自宅前更地（86坪）

２００８年12月、朝起きたら、道路を挟んだ自宅正面の土地が３４０万円で売りに出されていた。86坪の土地だ。２日後、２００万円という売値の約60％で買付を入れたが、玉砕。仕方がないので、放置プレイを決め込んだ。北海道では、雪の積もる冬の間、土地の売買はほとんど動きがない。

しかし、自宅前なので、どうしても欲しい。

２００９年４月、自宅の裏手にある妹の家から戻ってくるときに、背広を着た男性２人が前面の土地の測量をしていた。

「あっ、不動産屋さんだ」と思って、話しかける。

聞けば、顧客がこの周辺で自宅を新築したいので、土地の調査に来たという。このほかにも、候補地が２つあるそうだ。そこで、ここに一度、買付を入れて玉砕したことを話す。

できれば、ワタクシが購入したいと伝えた。

帰宅してからすぐに、土地の仲介業者に電話を発信。以前の担当者は転勤となり、別の中年営業マンが新しい担当者になっていた。図面と買付証明書を再度取り寄せる。金額以外のすべてを書き、5時間くらい考えた。**同じ物件に二度、買付を入れるのも、このときが初体験だった**。考えた末、ワタクシにしてはフンパツして251万8000円と書き、FAX送信した。

この数字には、深い意味はないが、一度、玉砕していることと、中途半端な数字を提示することで、「この買い手、ただ者ではない」と勝手に思ってくれることが狙いだった。翌々日、なんと、この金額でOKが出た。そして、買付から9日後に、決済が終了した。

決済のとき、いままで伸びた雑草を刈って近所の美観を損ねぬようにしていた話をした。「**いい人に買ってもらって、よかった**」と売主に感謝された。ありがたい。

近所で、ほぼ同面積の土地が700万円で売りに出されていることを考えると、激安だ。

今回の担当者に話を聞いたところ、以前の200万円の買付の話はまったく聞いていなかったという。どうやら、**そのときの担当者に途中で握り潰されたようだ**。

しかし、この土地は、ワタクシにとってもありがたい決済だった。なによりも、自宅の窓から、毎日、土地を見ることができるのが楽しい。

さて、この土地を購入したはいいが、白樺の木が20本くらい生えていて、クマ笹が生い茂っている。悔しいので、白樺の木にドリルで穴を空け、チューブを差し込んで、樹液を抜いて飲みまくった。多いときには1日5リットルくらい出た。

この液体でコーヒーを入れると、濃いコーヒーが抽出され、かすかにキシリトールの香りがした。飲むと、胃腸がスッキリする。気分もさわやかだ。

自宅の窓からよく見えるので、手前に砕石を敷き、奥の木々を少し残して、龍安寺のような**大日本庭園風味な駐車場**に改造した。砕石を敷いたときの清涼感が好きだ。

結果的に、この土地の購入は大正解だった。現在はワタクシの駐車場として使用。家の前に土地があると、豊かな気持ちになる。もし、このとき、ほかの誰かが購入していたら、家が建ち、窓からの風景と駐車場が他人の手に渡っていた。あのとき購入していればと、一生後悔したであろう。

白樺を切り倒して駐車場を開拓

200万円で買った自宅そばの更地(99坪)

朝起きると、ワタクシの自宅から30mの距離に、「売土地」のカンバンが立っていた。この土地は比較的平坦で、立木も少なく、開拓しやすいと思った。99坪で売値は280万円だった。

180万円で買付を入れ、数日後、200万円でマネー成立。売主は年配の女性。年老いた母と同じ年齢だったが、決済時、かなり弱っていた。

購入したのは、2009年前後だったと思う。

チェーンソーで立木を切り、刈払機で草を刈った。

この土地には、かつて国道に通じる幅80㎝の近道があり、亡き父が冬期に歩行者のために除雪していた。その後、国道側の奥の土地の所有者が代わり、単管を組んで通行不可になった。

子供の頃、登下校で、この道を何度も通った思い出の土地であることを、決済時に話した。

「あのとき無断で通って、すみませんでした」

売主は、微笑みで応えてくれた。

小学生の頃は、将来的に自分のものになるなんて想像もつかなかった。

しばらくは貸土地、貸駐車場のカンバンを掲げ、放置プレイを実施していたが、なかなか借り手が見つからなかった。

パジェロミニでグルグルと旋回し、生えてくる雑草を踏みつぶしていた。このマシンは四駆と後輪駆動の切り替えができ、後輪駆動にすると、ドリフトが容易にできる。土煙を上げながら旋回するのは、ストレス解消になり、楽しかった。


2017年秋、アンニュイな午後、近所の中古車販売業者から着信あり。クルマの在庫が増えたため、駐車場を探しているという。

3時間後、店舗訪問。イケイケの、ヤングで半グレ風味な社長が待っていた。

ワタクシの高級中古車の後部座席に乗せて、現地をご案内。BGMは鶴田浩二の「同期の桜」「加藤隼戦闘隊」「ラバウル海軍航空隊」である。

礼儀正しく、昔風味な軍隊用語で話していたら、いつの間にか先方も、膝の上に手を置いて、とても丁寧に応対してくれた。不良ぶっているが、実は真面目で、好青年だった。人を見た目で判断してはイケナイ。

99坪の土地は月5万円で募集していたが、先方の希望に沿って2万円でマネー成立。欲張ってはいけない。半年間の短期契約だ。延長あり。延長の場合は、アメリカ合衆国でいう「Month to Month」、つまり月単位で延長するという契約である。

将来的にアパートメント、あるいは貸家を建てる予定ありと、あらかじめ伝えた。

賃貸が決まった夜、四駆にシフトが入っていたパジェロミニを後輪駆動に切り替え、ターボチャージャーのブースト圧を上げ、**まるで何かに復讐するようにアクセルを満開にして、**グルグルと自分の土地を回る。テナントが駐車しやすいように、枯草を倒すためだ。

現在は、アメ車の四駆など、高級大型車両が20台ほど停まっている。

テナントの車両なのに、ときどき、すべて自分のクルマになったような錯覚に陥り、金持ち気分になれる。

メルセデスの車検も、この会社に取ってもらった。

実はこの中古車販売会社、在庫の台数が増え、店舗の周辺に路上駐車していて近所からクレームが入っていた。そこで、大量に駐車できるスペースを探していたようだ。タイミングよくテナントとワタクシの考えが一致した例である。

実は、この原稿を書いている途中で、99坪の隣の土地の打診があり、購入することになった。隣の土地の面積は81坪だ。合計で180坪になり、大きなアパートも建築できる。

9年かかった、領土拡大である。

200万円で買った角地（77坪）

夜中に本の企画書を版元に郵送するため、ポストのある近所のコンビニに行った。その帰り道に、「**売**」とだけ書いたシンプルなカンバンを見つけた。ほぼ毎日通っている道なので、その日の昼に設置されたと思われる。

黒い背景に、手書きの黄色い文字で書かれたセンスのないデザインだ。電話番号を左手の甲に書き、その日は疲れたので寝た。

翌日、天気がよかったので、サンルーフを開け、高速道路に乗って銭函の海に行った。お金が貯まりそうな名前のビーチだ。

そして、コワい人が経営する海の家で、日光浴を実施した。ずいぶんと派手でオシャレなウエットスーツを着ている人が多いなと思ったら、手首から足首まで刺青が入っていた。会話するのも面倒な事態になりそうだったので、ひたすらロバート・キヨサキ先生の本を読んでいると、ふと、左手に書いてあった売り土地の電話番号が目に入った。

ただちに、不動産業者に電話を発信。土地の情報を聞く。

自宅からの距離、約150m。77坪の角地。角地は、同じ面積の土地より1・5倍広く見える。どの方向からでもクルマを入れやすく、将来、建物を建てたときも、駐車時にストレスを感じない。

売値は、280万円だ。**相場の半額くらい**だと思う。売却理由は、法人の破産による資産処分。

図面と買付用紙をFAXしてもらう。

帰宅後、図面を分析。悪くない。近所の土地だと、年を取ってからでも歩いて行ける。

陽あたり良好だ。瞬時に購入することを決めて、電話を発信。翌日の朝までに買付証明書をＦＡＸすると約束して、電話を切った。

問題は、プライスだ。

夜中まで考え、少し安いと思ったが、**失礼ではない指値**を入れる。買えなかったら元も子もないので、この微妙なバランスが重要だ。

「**１８５万円、キャッシュ、若干の上乗せ可能**」と書いて、ＦＡＸで送信した。

翌朝、仲介業者から着信あり。

「**１８５万円は無理だが、なんとか２００万円まで上乗せできませんか？**」

うーんと唸り、３秒くらい考えたあと、ニヤリと笑い、快く承知した。この「間」が重要だ。あまりにも元気よく、すぐに返事をするのもよくない。

プライスを決断する場合、交渉には「腰」が必要だ。

それにしても、坪あたり約2・6万円は安い。約23ｍ×約11ｍの角地で、クルマをビッチリと詰めると、22台は停められる。

破産物件というのは、このときが初めての体験だった。決済場所は弁護士事務所。応接室の高級本棚には、ガラスの扉がついていた。六法全書のほか、壁一面に多数の専門書が並んでいる。ワタクシの書いた本は1冊もなかった。

決済に臨んだ人々は、ワタクシ以外、まったくやる気なし。弁護士は、破産した会社の債務整理で、この土地を売却した金額を債権者に配分する。感情はまったく入らず、事務的だ。おまけに、売主の弁護士は法事で欠席。本当に法事か？　代わりに、弁護士の美人秘書が代行。

仲介業者と司法書士に早めに手数料を渡すと、決済はスピードアップ。不思議な現象だ。やはり、真面目くさった顔をしていても、人間はお金のために働く。

最後に、八分ズボンのポケットから、銀行の袋に入った新券200万円を取り出し、美人秘書に手渡して、あっけなく終わり。

八分ズボンはポケットが大きいので、1万円札がたくさん入って、いい。体験上、片方のポケットに、新券が5束、つまり500万円まで入る。**カムフラージュだ。**

この間、約18分。あっけない売買契約だ。それまでに15回くらい決済をしたが、一番早かった。

この翌週、土地の開拓を実施した。カワサキとホンダの刈払機、そしてチェーンソーをスバル・サンバーに積んで、雑草と5㎝くらいの太さの木を切った。

さらに翌週、砂利業者が入る。ユンボで土地をフラットにして、砂利を21㎥敷く。11トンダンプで3杯分だ。作業時間は5時間くらいだった。造成費用は30万円前後だった。

開拓後は、貸駐車場と貸倉庫を経営したい。友人が「むじんくん」などの中古BOXを売っている店を知っているという。中古のスーパーハウスが、30万円前後で手に入るようだ。事務所や貸倉庫に改造して、駐車場とセットで貸せば、需要があるかもしれない。

また、需要があれば、コインランドリーも設置したい。軌道に乗ってから、水道を引き、洗濯機も置きたい。いろいろアイデアが浮かんでくる。

しかし、本当に経営したいのは「**メイド・カフェ**」だ。

数カ月後、この土地の隣の地主に売却する気はないかと打診。すると、「坪10万円以下では売らん」と一喝されて転進。その少しあとに、国道沿いの、もっと条件のいい土地を買った。自分から求めずに、**深追いはしないことだ**。

結局は「キムタクくずれ造園」に賃貸

ところで、この77坪の更地は、間口が23・7m×奥行きが10・9m。長い23・7mの間口の中ほどに、電信柱が立っていて、将来的に駐車のジャマになる。そこで、北海道電力に電柱移設の見積もりを依頼した。

工事金額の見積もりは、48万3100円だった。このうち、半分の24万1550円がワタクシの負担金額だ。

軽いめまいを感じる。

その後、何度か電柱移設工事を実施したが、有料のときと無料のときがあった。その違いは何なのか、いまだ判明しない。

結局、この土地は「貸駐車場」のカンバンを立て、しばらくすると個人のレンタカー業者が借りてくれた。月額2万5000円くらいだったと記憶している。

そのテナントが1年ほどで卒業したあと、この土地の斜め向かいにある「キムタククずれ造園」が借りてくれた。茶髪、ロン毛、キムタク風味の髪型の社長だ。

最初は、売却を依頼されたが、近所でもあり、将来的にはアパートメントか貸家を建てる予定であることを説明した。

結局、賃貸することに決定。いまは3連棟の倉庫を建て、大きなトラックが数台停まり、工事用の砂利が山になって積んである。造園業なので、自分たちで倉庫を建てるのもお手のものだ。

近所のほかのテナントの工事のときも、大いに活躍してくれる頼もしいテナントだ。

現在の利回りは22・5％。

ローンを組んで建物を建て、家賃から毎月返済する金額を考えると、手残りの金額はさほど変わらないと思う。むしろ、建物がないほうがメンテナンスの必要もなく、気分が楽だ。

亡き父から相続した土地（86坪）

2004年に厳格だった父が死去。

「貴様はアメリカでぶったるんでいたので、与える資産はない。現金は姉と妹で分けろ」

という内容を、もう少し柔らかい言葉で遺言状に書いてあった。

ワタクシ自身も過去を反省し、納得した。恥ずかしながら、アメリカで飢えて玉砕寸前になったとき、仕送りしてもらったことがある。

わずかばかりの現金を姉と妹で分けた。

いまは、それぞれ貸家を持っている姉も妹も、当時は不動産に興味がなく、唯一、この土地はワタクシが相続した。住宅地にある86坪の更地だ。

この土地は、前方後円墳のように、間口が最大1mほどの盛土になっていた。ワタクシが中学生のとき、近所の人が勝手にクルマを停めていることに気づいた父が、休日に一人でトラックに土砂を積んで盛土していた。いまなら、その人に駐車場として貸していただろう。

真面目で、よく働く父だった。いまにして思えば、子孫に土地を残すための仕事だった。相続後、賃貸するために、土木業者に依頼し、間口を道路と同じ高さまで削り、緩い傾斜をつけて、砕石を敷いた。

その後、貸駐車場として最大4台、数年間、貸していたが、いつの間にかみんな卒業してしまった。ここ数年は必然的に放置プレイ状態となり、草がボーボー生えてきた。人の手を加えたものは、年月がたつと自然に戻る。このままでは不良債権だ。

そこで「貸」のカンバンを立て、祈った。直径2㎝の単管を直交クランプで組み、自作したフレームに強力両面テープで、60×90㎝のカンバンを取り付けた。

テナント賃貸専門業者にも依頼していたが、結果は出ない。

ところが、最近、突然、テナントが決まった。なぜだと思う?

それは、近所の小さな不動産業者に依頼すると、「at　home」に広告を掲載したからだ。

掲載から1カ月後、テナントが決まった。

これまでは、ネットに広告が出ていなかった。マヌケな話だ。

テナントからは、法人契約で会社の実験装置を置きたいとの打診があった。2×2×6mのコンテナ型実験装置だ。水素を発生させる機械だという。

現場から8㎞くらい離れた会社で、これまで会社の駐車場に置いていたそうだが、クルマの出入りにジャマになって、新たに土地を探していたそうだ。

半径1㎞の範囲では需要がなかったが、札幌市全体で考えると、安い更地を探している人がいたのだ。

5万円で募集していたのだが、指値が入り3万円でマネー成立。敷金ゼロ、礼金ゼロだ。

契約後、1カ月分の家賃を受け取り、亡き父の仏壇に供えた。

奇しくも、父の命日の直前だった。亡き父からのプレゼントに、心から感謝。

結局、死後に残せるものは、画像、映像、文字、そして不動産しかない。

賃貸後、意味もなく、置かれた謎の実験装置を何度も見にいっている。こんな土地でも、需要があるのだと思うと、嬉しくなる。

この実験装置、ただ置いているだけ。現場で作業している様子もなく、置いているだけだ。クルマの出入りもない。

こんなありがたいテナントはない。

140万円で買った国道沿いの土地（154坪）

3年以上前から売りに出されていた154坪の更地。売値は300万円。相場よりは安い価格であるが、難点がある。

それは、塹壕《ざんごう》のように、一番奥が最大で2mほどエグれていることだ。2mほど盛り上がっている土地を購入したことはあるが、窪んでいる土地は初めてだ。

そして、市街化調整区域だった。国道に面していても、市街化調整区域の場合、貸せる用途が限定される。

3年間、毎年春になると、図面を取り寄せて、電話で購入を打診していたが、ワタクシの提示した金額があまりにも低かったため、相手にされなかった。確か、2回とも100万円で買付を入れていたと思う。

ワタクシ自身も、その間に、一戸建4棟、テナント物件2棟、そして「無傷の三百坪」の購入を優先し、この更地へのコンタクトは後回しになっていた。

ところが、北海道ではまだ雪深い3月、何気なくインターネットを検索していたら、この更地がまだ売れ残っていた。

国道沿いの土地は、すでに貸している実績ができたので、この土地もなんとかなるような気がした。

翌日、現場に行き、再度物件を確認。五角形の変な形をしている土地であるが、交通量の多い国道に面している。オマケに、家の近所である。

どうやら、国道を拡張したときに、国家に土地を奉納したため、こんな変な形になったのであろう。

西向きで陽当たりもよく、いい土地だ。

目前の中央分離帯も、割れている。この場合、大型車両の出入りが容易である。外食産業では、売り上げが1・5倍になるという。貸せる土地だと思った。

10分ほど現場に滞在し、写真を数枚撮影してから、心を落ち着け、勇気を振り絞って仲介業者に電話を発信。

物件を購入する場合、現場にしばらく立って、その土地の「気」を感じることが必要だ。

売値の40％という「鬼のような指値」（商標登録申請予定）を口頭で伝えた。このとき、とくに買付証明書を書面で送信したわけではない。

売値３００万円に対し、１２０万円の指値を入れた。

10日間ほど連絡もなく、すでにあきらめかけていた頃、仲介業者から着信あり。

「加藤さん、40％の価格では無理だ」

やはり、あの価格では玉砕かと思い、次の物件を探そうと思っていたら、続きがあった。

「それで、40％の価格では無理だが、せめて47％の価格ではどうか？」

内心、大喜びで、ニヤリと笑う。

しかし、電話の口調は何もなかったように真面目くさって、こう答えた。

「わかりました。ステキなご提案をありがとうございます。少しだけ考える時間をください」

ゆっくりと電話を切った。6時間後、ワタクシから電話を発信。

「その価格でお願いいたします」

マネー成立だ。決定した価格は140万円だった。

数十万円の差であれば、必ず買うべきだ。長期的にみると、誤差の範囲である。40%という指値も、6時間という時間も、とくに根拠はない。にもかかわらず、売値の半額以下で、交通量の多い国道に面した土地を購入できたのは奇跡に近い。

若干の開拓を必要とするが、条件の悪い土地でなければ、この価格での購入は無理だった。また、この付近で100坪くらいの土地を10万円で借りたいという顧客の電話番号を、2人分持っていることも、購入を決断させた要因の1つだ。

アベノミクスの影響か、収益物件の価格は上がり、新築物件の資材も高騰し、職人も少ないといわれているが、地道に探せば、必ずいい物件に遭遇する。

物件購入も重要だが、テナント候補者と付近の家賃相場を知っていることが、最も重要である。

開拓には「木こり太郎」を投入

１４０万円で購入した１５４坪の土地には、直径20cm以下の木が１００本以上生えている。そこで、決戦に備えて温存していた「木こり太郎」（仮名）を戦地に投入。

近代兵器である「ハスクバーナのチェーンソー」を貸し出すといっても、木こり太郎は「いえ、のこぎり1本で戦います」と言い残し、水盃を交わしたあと、神風の鉢巻を巻いて、右手に軍刀ならぬ、のこぎり1本を持ち、長靴を履いてジャングルの奥に消えた。

「土地を開拓するまで、還ることができない」という過酷な任務に耐えた木こり太郎。大和魂の持ち主だ。

戦地で、ゲジゲジや蜘蛛の巣と戦い、ときには股間をアリに噛まれ、苦痛と快感に耐えながら、1本1本、手作業で木を切って見事に開拓してくれた。

すっかり陽当たりのよくなった土地を「きこりん村」と命名した。

更地は部分的に貸せばいい

この「きこりん村」、まだ土地の奥には最深2mほどの窪みが残っている。

その後、無傷の三百坪と戸建の盛り上がった庭を駐車場に造成したときに生じた残土と、近所の新築現場から出た土を搬入し、窪んでいた土地をフラットに開拓した。

国道沿いには「FOR　RENT」と「貸」のカンバンを設置し、そのときを待った。


7月下旬の午前8時30分、知らない電話番号から着信あり。

電話に出ると、リサイクル業者の社長で、この近所で更地を探しているという。15分後、近所のコンビニで待ち合わせ。

コンビニの駐車場に着くと、60代の社長と30代の従業員がトラックから降りてきた。

ワタクシの高級中古車の後部座席に乗せ、まずは住宅地にある更地をご案内。しかし、やはり国道沿いのほうが、会社の宣伝になるという。

そこで「きこりん村」に行き、物件視察。必要な面積は10坪。物置の外側に会社名と連絡先を書いて設置し、あとは回収した在庫を一時的に置くスペースが必要だった。

そこで、向かって右側の土地10坪を貸すことになった。

先方の希望家賃は月1万円。ワタクシの希望は3万円。

中間を取って2万円に決定。そのまま事務所に行き、契約だ。契約書を事務所に常備していてよかった。

決断の速い社長であった。午前10時には契約終了。わずか1時間半でマネー成立だ。

残りの144坪は、ワタクシが自己使用するか、ほかのテナントに貸すかもしれないと契約前に伝え、先方も了承してくれた。

広めの土地は、一括して貸すのもいいが、分割して貸してもいい。

契約書は常備し、印鑑も財布の中に入れておくと、話が早い。

坪2000円で賃貸が決まった土地だが、まだ10坪しか貸していない。残り144坪は、ほかのテナントにも賃貸可能。それまでは、ワタクシが自由に使用できる。

カンバンを見た大企業からオファーあり

その後、「FOR　RENT」＆「貸」のカンバンを見た農協系の大企業から、駐車場として使用したいと連絡があった。

最初は、募集家賃の30％OFFの「鬼のような指値」(商標登録申請予定)が入った。

渋々、承諾したが、家賃が高くて上層部に稟議書が通らなかった、という。そして、ワタクシの希望価格の70％OFFという「鬼のような指値」が再び入る。

ダブル「鬼のような指値」だ。

あまりの強烈な指値に、めまいを感じ、いったん保留にして電話を切る。

安すぎる。しかし、これから冬になって賃貸需要は少なくなる。悩んでいると、いいアイデアが浮かんだ。

敷地面積の左端30坪を部分的に貸す方法だ。残りの中央の土地は、ワタクシが自己使用する。

右端のテナントの家賃と比較すると坪単価は半額だが、仕方がない。

家賃は安いが、長く借りると思う、といった。

それから3年以上、貸している。交渉上手ではあるが、約束を守る人だった。

来年の春、再び話し合い、売上が伸びたら、借りる面積を増やしてくださいと提案。おまけとして、雪が溶ける春までは、敷地内の停めやすい場所にクルマを駐車していいことにした。

要点を書き、先方にFAXしたところ、ほぼこの提案で決定。契約に至った。

直接契約の場合、仲介手数料や広告費はかからないが、その分、入居希望者の指値も厳しくなる。

電話で即決してもいいのだが、いったん保留し、減額した場合の利回りを金額ごとに算出して、手帳に書いておく。その表を見ながら交渉に応じると、余裕ができて、心理的に楽になる。

スマホにメモをするのもいいのであるが、ワタクシは高校生の頃から手帳を使い、大学生になってからシステム手帳を愛用している。アイデアを発展させるためには、紙とペンのほうがいい。

結局、この土地は、右側のテナントが1年で卒業。倉庫をそのまま置き土産として残していった。左側はそのまま賃貸中。

瞬間最大利回りは44・9%。右側卒業後の現在でも27・8%。

除雪もテナント側でやってもらえるので、放置プレイだ。

土地の奥には大豆の種を蒔き、枝豆を食べようと思ったが、発芽しなかった。

家賃は安くても、長く借りてくれるテナントが見つかれば、経営は安定する。

きこりん村のポイント

国道沿いの154坪の土地（きこりん村）が契約に至った経緯を振り返ってみよう。

・3年前から売りに出されていて、1年に1回、毎年春に買付を入れていた
・最初は下がらなかった値段が3年目には半額以下になった
・窪んだ土地であったが、国道沿いなので、なんとか賃貸できると考えた
・ほかの更地から土を運んで転圧、少し傾斜を付けて排水性をよくした
・足りない土は、近所の住宅建設現場から購入。ダンプ5杯分で7000円
・砕石を敷いて見た目をスッキリさせた
・砕石が足りない部分はクローバーの種を蒔き、雨による土砂の流出を防止
・募集カンバン設置
・時間があるときに通い、パジェロミニで転圧

220万円で買った国道沿いの土地（115坪）

売値の47％で買付を入れ、そのまま通ったので、購入した土地だ。図面を取り寄せてか

ら9日後には決済終了。

バブルの頃、ワタクシの購入価格の約5倍で買付が入った土地だった。この土地の隣にある店舗の家賃は、建物と土地で月25万円だ。

この土地は、何年も放置プレイをされていて、「管理地」とだけ書かれたカンバンが、笹薮の中に立っていた。

ネットで発見したときは、胸が高鳴った。

ただし、放置されていたため、雑草が生い茂り、太い木が10本くらい生えている。この開拓のために、ハスクバーナの40ccのチェーンソーを購入した。

ブログで屯田兵を募集したら、本当に応募が来た。しかも2人だ。いまは屯田兵五号までいる。

本格的に雪が降る前に、3本の大木を切っておきたいと考えていた。12月中旬までにユンボを入れないと、土地が凍結して開拓費用が余計にかかる。土木業者からは、安くするので木を切っておいてくれと依頼されていた。

直径40㎝、高さ20ｍ級で、素人が切り倒すのは困難だ。

幸運にも洗練された工作員の中に、チェーンソーの使い手がいた。「きこり太郎」（仮名）である。

彼に仕事を任せて正解だった。チェーンソーを持ちながら、太い木にするすると8ｍほど登り、変な体位でエンジンをかける。太い枝を切り落とし、エンジンを止めて降りてくる。大きな枝は、先に払っておかないと、木が倒れたときに跳ね返って危険である。

その後、倒す方向に「受け口」という「く」の字型の切り込みを入れ、反対側から水平にチェーンソーを入れる。このとき、回転するチェーンソーの根本を木に押しつけ、腰の回転で切る。往年のサミー・ソーサのバッティングのようだ。

「うーん、バッティングは腰でしょう」と、長嶋茂雄もいっていた。

安全を確認し、ゆっくりと最後は重力で倒す。

目標の安全な場所に大木が倒れると、隣地のテナントの店員も拍手喝采だ。

開拓の記念に、自販機で温かいコーヒーを購入。屯田兵、テナントの店員、お客とともに祝杯をあげた。平均年齢40歳の中年隊が大はしゃぎだ。

その後、この店舗も購入することになるとは、このときにはまったく思いもしなかった。

倒した木は、運べる大きさに切り分け、1カ所にまとめて、しばらく放置プレイを実施。乾燥させ、重量を減らすためだ。

北海道ならではのチェーンソー・プレイ、危ないので、都会の人は絶対にマネしないでほしい。

大きな支払いは分けたほうがいい

3本の太い木を切り倒したあとは、土木会社の重機を投入。土を削って、切込砂利を敷き、転圧。その後、テナント募集のカンバンを立て、放置プレイを実施する。

その間に、ワタクシの軽自動車に「FOR　SALE」のサインを出したら、売れてしまった。

テナントのリクエストにより、コンテナを購入し、設置。事務所にする。事務所用のコンテナは比較的安く手に入ったが移動や内装にお金がかかる。

また、車庫も設置。この車庫は、ワタクシが初めて買った新築の建物であった。

そして水道管の工事を発注。上下水道の新設で、国道に面している場合は費用がかかり、100万円くらいの工事だ。

氷点下の水道工事は過酷だ。地元の水道屋は、その水道管の材質では地元の検査は通らないと、手伝いに来てくれた水道屋の投資仲間をイジメる。

大人のイジメの世界、これが現実だ。

氷点下の現場から戻ったあと、事務所で赤いきつねをすすりながら、現場の力関係を語り合った夜を思い出す。

そんな現場での微調整を乗り越え、家賃は毎月20万円だ。ありがたい。

20万円の家賃に浮かれていたワタクシ。結局、このテナントは、財務がタイトになり、1年で卒業してしまった。

テナントの過大なリクエストは、なんだったのか?

建物を建てずに、賃料は安くても更地のまま貸すほうがよかったと反省。

しかし、その後、優良なテナントが入り、現在も営業している。

家賃は14万円に下がったが、心の安定が重要だ。

コンテナ設置や水道工事などの大きな支払いは、3回に分けた。通称「自分ローン」である。こうすれば、一度に大きな出費を抑えられるので、支払いが楽だ。

ゼロから建物を設置して、インフラを整備するのは大変苦労した。そう考えると、中古住宅の場合、インフラがすべて整っているので、運営は比較的楽だ。

1000万円で買った建物付きの土地（267坪）

近所のコンビニの駐車場でタバコを吸っていたら、知人に遭遇。以前、不要になった自宅を譲ってもらった人だ。その知人も、不動産をいくつか所有している。

「そういえば、あのテナント物件、手放す気はないのでしょうか？」

2年前に売却を打診し、転進した商業物件である。

世間話をしながら聞いてみると、いまは状況が変わり、売却を考えているという。

実は、国道沿いの115坪の更地の横に、テナント物件が建っている。知人は、この物件の持ち主だ。

テナント物件の家賃が大きいことを知り、以前から自分の更地にも50坪くらいの建物を新築しようかと考えていた。しかし、この物件が購入できるのであれば、わざわざ新築する必要はない。

売主の希望金額を聞くと、その金額ではローンを組まなくてはいけない。そこで、6割くらいであれば、なんとかキャッシュを工面すると伝えた。

その後、中古住宅売買時の担当者に連絡をして、売買の契約書を作ってもらうことになった。

ところが、登記簿謄本を取ってみると、建物が未登記であることが発覚。そこで、売主にその旨を説明し、次の条件を提示した。

・登記費用はワタクシが全部持つ
・金額が合意に達した時点で、手付金の10%を入れる

さらに、直接売買なので、お互いに仲介手数料がかからないことを伝えたところ、売却希望金額の50％で合意に達した。３時間後、枕元にあったマネーを握り締め、売主に届けると、素早い行動に驚いていた。

決済の前日に、売主の気が変わらないことを確認して、残りの現金を送金。振り込みを実施したが、１回あたりの送金が50万円までしかできず、数日に分けて振り込んだ。

この物件は、ワタクシが購入する直前まで毎月25万円で賃貸していたが、現在は、毎月18万円で賃貸中だ。家賃が下がったことも、手放す理由だったのかもしれない。

テナントの建物だけでなく、さらに２６２坪の国道沿いの土地もついてくるのが、ありがたい。

最近、よく思うのだが、不動産は最終的には土地が重要だ。例えば、同じ住所でも、国道沿いの商業物件は、国道から少し入った貸家の２～３倍の賃料で貸せる。その割には、取得コストはさほど変わらない。

1000万円で買った国道沿いの土地（272坪）

夜中にワニ革の手帳を見ていたら、幹線道路に所有している土地の隣地の地主の電話番号が載っていた。

通称「無傷の三百坪」という土地の地主だ。

なぜ無傷かといえば、現代までまったく開拓されることもなく森林が温存されているからだ。電気も水道も通っていない。

半年前に不動産屋経由でこの土地の購入を打診したが、あまりにも安い価格にご立腹されたようで、断られた。

しばらく、放置プレイを実施したあと、勇気を振り絞って電話を発信。直接、話をすることができた。

この土地には、高さ約30ｍほどの５本の「ご神木」のような木が生えている。開拓する場合、この木を切らなければいけないのだが、温存したい旨を伝えると、前向きに考えてくれるという。

まだ、売買が成立していないが、ありがたい話だ。

その後、太い幹線道路に面する「無傷の三百坪」の所有者と会った。

売主は60代後半。資産家のファミリーのようで、幼少の頃から豊かに育ってきたと推測される。

それにしても、眼光が鋭いな、と思っていたら、「かつて不良だった」という。若い頃は、肩で風切って、狸小路を練り歩いていたそうだ。

さて、この無傷の三百坪。昭和末期に、６０００万円で譲ってくれないかと打診があったが、断ったそうだ。北海道では大手のバス会社からのオファーだったという。

「本当かな?」と思ったが、その１km先に、その会社の所有する土地があり、バスの旋回場として使われていた。現在は路線が変わって使用していないが、管理地というバス会社のカンバンがあり、電話で確認したところ、１９８０年代前半に６０００万円で購入した土地だそうだ。

現在の売主の希望価格は、そのときよりはかなり低いが、それでもワタクシの希望価格の3倍だ。

結局、売主は、とくに売り急ぐ必要もないので、このときは結論に達しなかった。


しかし、あの土地は気になる。

実は隣地も所有しているので、合せると５３７坪になる。国道沿いの５３７坪は、かなりナウい。

それから10カ月かけて売主と直接交渉した結果、バブルの頃の6分の1の価格で譲ってもらえることになった。

その間、買ってもいいかなと思える物件が多数、ワタクシの体を通り過ぎていった。惑わされることなく、妥協せず、慎重に不動産を増やしていくことが重要だ。

初期の頃は、利回り重視で投資する地域が分散していた。途中から路線をやや変更して、家の近所の物件を探し始めた。管理が楽で、ライバルが少なかったからだ。

いい建物付き物件がないときは、周囲の反対を押し切って更地を買った。そして現在は、5年前の価格の2倍で取引されている。

開拓しないと、入居者に認知されない

しばらくして、5本のご神木について電力会社から伐採の打診あり。電線の上部まで枝が伸びているからだ。悲しいことではあるが、土地の資産価値は上がる。

塩を撒き、日本酒の「鬼殺し」をご神木にかけて、心の中で「すまん」と叫びながら、根元から伐採した。北海道電力の資本による伐採だ。

完全武装のプロが五人組でやって来て、クレーンを大木にかけ、急に倒れないようにする。太い木は、プロに任せるべきだ。

これをきっかけに無傷の三百坪を整地することにした。

国道に面した部分が、20～80㎝ほど盛り上がっているため、歩道からクルマを直接乗り

入れることができない。この部分を削り、緩い傾斜をつけて、砕石を敷く。傾斜は、雨水や雪どけ水の排水のためである。

開拓する面積は、幅22m×奥行12m、264㎡だ。12mという奥行は、クルマを2台、縦列に停めて、さらにフロントに横置きで駐車できるスペースを計算した結果、こうなった。

土地の奥行は38mあるのだが、残った部分はテナントが決まってから砕石を敷く予定だ。残土は、木こり太郎が開拓した「きこりん村」の窪んだ部分に搬入する。一石二鳥の作戦だ。

ユンボとホイールローダーで、土を削ってならす。次に、砕石を敷き、転圧してならす。このときの開拓ではマネーをセーブした。

砕石は、敷地いっぱいに敷くほうがいい。しかし、入居者募集中のため、どんなテナントが何の目的に使用するかはわからない。よって、全部敷くよりは、部分的に敷いて、あとでまた必要になれば追加すればよい。今回は、角地の敷地の道路に面した部分だけ「L字型」に敷く。

細い木には、木こり太郎を投入。木、枝、葉、根は、敷地の奥に積み重ねる。数年すれば、勝手に腐って容積が小さくなる。

当初は、放置プレイのまま、テナントがつくのを待とうかと思った。しかし、マーケットは完成品を望む。すぐに使用できる状態にしておかないと、なかなか入居者は完成品のイメージが湧かないのだ。

とくに、クルマの交通量は多いが、歩行者が少ない田舎の幹線道路沿いの物件の場合、60㎞／h前後のスピードで通過するので、走行中の認知が難しい。平面だとさらに認知が難しい。

立体的なカンバンや物置を設置すると、走行中でもわかりやすいようだ。

工事代金は41万円。安くはないが、ものすごく高くもないだろう。

交通量の多い国道沿いならカンバンで集客できる

国道に面した「無傷の三百坪」は、すぐにテナントが決まるような予感がしていたものの、ワタクシの第六感もさほどアテにならず、1年半の間、テナントが決まらず、もはや、不良債権となりつつあった。

テナントが決まるまでに、次のような努力をした。

- **森を開拓**
- **電柱の移設。北海道電力の資本で、角に立っていた電柱を20ｍ奥に移動、クルマの出入りが楽になった**
- **間口の60㎝ほど盛り上がっていた部分を歩道と同じ高さまで削る**
- **ごみステーションの移動**

・地面をフラットにするため、重機で抜根
・砕石を敷く。最初は道路に面した部分に敷き、テナントが決まってから残りを敷く
・賃貸不動産会社のテナント募集のカンバンを設置。だが、なかなか決まらない
・16万円投入して「FOR　RENT」と「貸」のカンバンを設置

建物建設も考えたが、ヤメた。どんなテナントがつくか予想できなかった。賃貸が決まってから、テナントの要望に応えたほうがいいと考えたからだ。

結果的に、最後のカンバン効果で、携帯電話に電話を受信。その後、入居希望者と面談し、事業の展望を話し合い、契約の条件をすり合わせた。

・先方は事務所と車庫の設置を希望していたが、家賃を25%値下げし、「貸土地」として契約
・事務所はテナントが設置
・ほかのテナントは敷金3カ月分であるが、今回は敷金1カ月分にしてほしいとリクエスト。しばらく考え、根性があるタイプなので提案を受け入れた

・水道を引いてほしいとリクエスト。ワタクシが負担して敷地内に引き込む。上水道のみで40万円
・電気は、近所の電気工事の会社に、引き込み工事を発注。費用はテナント負担

テナントの予算の関係上、全体の半分にあたる150坪分の土地を契約。残りはワタクシが将来的に使用するかもしれないと伝えた。ただし、一時的に在庫が増えた場合など、空いているスペースに停めていいというオプション付きだ。

いつか売上が上がったときに、残りの土地も借りていただけるとありがたい。

結局、更地を加工して、更地のまま貸すということになった。

その後、このテナントは卒業した。

しかし、その遺産を活用して、次のテナントが決まった。

この土地は、交通量の多い国道に面している。「FOR　RENT」のカンバンに、電話番号を載せているだけで、何本もの問い合わせが入る。入居希望者とダイレクトに交渉できるのも、ワタクシにとっては面白いことだ。

お金が貯まらない人には共通点がある

ワタクシの物件を紹介してきたが、そもそも、いい物件があっても、お金がなくて買えないという人がいる。

元金融機関勤務で友人のパンキー君に、お金が貯まらない人の共通点を聞いた。パンキー君の名前の由来は、高校時代、パンツの一部が黄色かったからだ。

以下はその特徴である。こんな人はお金が貯まらない。

- **若くして家庭を持っている**
- **新築の家のローンが残っている**
- **新車の大きいクルマをローンで買う**
- **子供の塾代がかかる**

・欲しいものがあったら、すぐ購入。つまり、こらえ性がない
・休日に家族で旅行に行く
・外食好き
・イベント好き

さて、ワタクシの知っている滞納者と自己破産した人の共通点を挙げよう。

・危機感がない
・買い物が下手。身の丈に合わない高価なモノを購入し、月賦で支払う
・悪い人ではなく、どちらかというといい人
・よく考えず、現物を見ずに、言い値で購入
・あまり貯金を持っていない
・資産はほとんど持っていない
・収入が高いときもあったようで、それが永遠に続くと思っている
・転職や病気、ケガに備えない。収入が途絶えると大変だ

そういえば、150万円の借り入れがあり、テレビコマーシャルの法律事務所に相談に行ったら、自己破産をススメられたという人もいた。その後、財務がタイトなのに、職場への不満から無計画に退職してしまった。

この人には5万円を貸しているが、いまだ返ってこない。

優良企業に20年以上勤めていても、200万、300万円ほどの貯金しかない人が多いそうだ。

お金が貯まる人は、この反対だ。

パンキー君に学ぶ「お金を貯める方法」

さて、友人のパンキー君がつとめ人を卒業した。収益物件を持っているわけでもなく、卒業できた。

どうやって卒業したと思う?

大学卒業後、大手金融機関をつとめ上げ、卒業しても困らないくらいの貯金ができていたのだ。根性と忍耐力があり、見習うべき点が多い。

パンキー君に学ぶ貯蓄方法を書いておこう。

・70万円くらいの中古車に6年乗る

最初は200万円くらいの新車を5年ごとに乗り換えていたパンキー君であったが、途中でワタクシの激安高級中古車を購入する方法を応用した。クルマに興味がなく、洗車もしない。よくマシンを擦るタイプなので、中古車がピッタリである。

中古車を現金で買える貯金を持っていたが、金利をつけて、身内からお金を借りて購入していた。

中古車に乗り始めてから、貯金がさらに増えたという。

・転職しなかった

バブルの頃にいい条件で取引先からスカウトされたが、断って会社に残った。このとき転職していたら、収入が増えていたかもしれないが、早めにつとめ人を卒業できたかどうかはわからない。

保険会社にスカウトされた同僚10人のうち、成功したのは最初に転職した一人だけだそうだ。職場に不満があっても、ぐっと堪えて不動産を買おう。不動産が増えたら、いつでも、つとめ人を卒業できる。

・忍耐力がある

朝早くから出勤し、夜遅くまで仕事。ときには、田舎の支店で修業しながらも、30年近くつとめ上げた。

つとめ人時代は、職場の飲み会、転勤する人への餞別など、自分ではコントロールできない出費に、無性に腹が立ったようだ。

・お金のかかる趣味がない

趣味は作詞と作曲。暇なときはギターを弾いている。楽器には固定資産税がかからない。

伝説のバンド「国家☆安全ＢＡＮＤ」の幻の名曲「北のジンミン」の作曲はパンキー君

である。ちなみに、作詞とボーカルはワタクシだ。

また、テレビのスポーツ観戦が大好きで、高校野球、プロ野球、サッカー、ボクシングなど、ほとんどの試合をテレビ観戦している。お茶を飲み、タバコを吸いながら、自室で観戦。コストは数百円の世界だ。

・親が真面目で倹約家である

子供の頃、パンキー君の家によく遊びに行ったが、家族揃って質素な生活だった。

・家がある

卒業後は、三方角地のＲＣ一戸建の実家に住んでいる。建替える必要はない。立地もよく、家の前にコンビニがあり、補給が楽だ。徒歩で行けるので、クルマがあっても乗らなくていい。よって、燃料代もかからない。

・1カ月8万円ほどで楽しめる人間である

つとめ人時代は、ときどきメイド喫茶で、ストレスを発散していた。つとめ人卒業後は、ストレスも減り、ほとんど行かなくなったようだ。

・グルメではない

美食家ではないので、食に興味がない。ワタクシの妹も同様に、味にこだわりがなく、安い食材を好む。

味に興味がない人は、なぜか貯金が多い。

パンキー君も、つとめ人を卒業して、しばらく休んでから、近所に安い一戸建を購入して貸すようになった。時間はたっぷりあるので、じっくり優良な物件を探すことができる。「鬼のような指値」（商標登録申請予定）を入れて、売値の75％で購入した。これもワタクシの作戦の応用である。

実はこの物件、ワタクシが卒業祝いに紹介した家だ。当初、ワタクシが買おうとしたが、ろっ骨を折り、動けなかった時期だったので、特別に譲った。しかし、購入後、とくに感謝の言葉もない。ワタクシが自分で購入すればよかった。

現在は家3軒、アパートメント1棟を所有しているパンキー君であった。すべて現金買いながら、物件購入で一時的に減った貯金も、現在は毎月30万円ずつ増えている。

さほど貯金も減らさず、家賃収入を増やして、10年くらいたてば、待遇のいい年金も支給され、ますます財務がナイスになっていく。

パンキー君がつとめ人を卒業した理由は、平日の午後、仕事が忙しいときに、ワタクシが投資仲間たちと事務所でぶったるんでいる割に、やや余裕がある生活をしていることに対して無性に腹が立ったからかもしれない。

結局、学生時代の延長で、お茶をシバきながらタバコを吸って、くだらない話でゲラゲラ笑っている、そんなぶったるんだ時間が重要であるという結論に達したのだろう。

引退後のパンキー君と話をした。あの頃より、少しだけお金があって、クルマを乗り回せるようになったね、と笑った。

これからは、大学の頃のように、平日の昼間にパンキー君と遊べる。

付記

大東亜戦争から学ぶ不動産投資

歴史をひもといてみると、戦争は不動産の奪い合いだ。

現在の国境線は、戦争の結果である。

ワタクシが戦記物を読んで面白いと思うのは、元参謀が書いた本だ。

当時はエリートでなければ参謀になれず、皆、教養がある。本をたくさん読んでいるためか、文章が上手で読みやすい。わかりやすくて面白い。

作戦の立案を、短時間で的確な文字を用いて文章で報告していたからだと思う。

参謀という立場上、戦況がわかる電報を多数読んでいて、ほぼ正確な情報を把握し、作戦を立てる。参謀の考えによって、数万人の兵士の運命が左右されるのである。

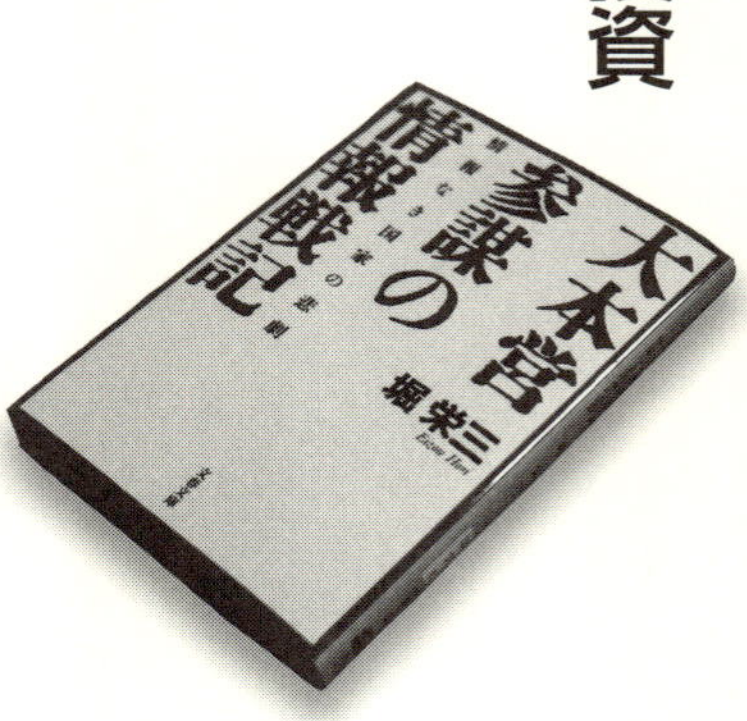

堀栄三著『大本営参謀の情報戦記』（文春文庫）を読み込んだ。久々に、何度も読み返す本に出合った。ちょっと分野は違うが、アパート経営に応用できる良書だ。

著者は陸軍大学を卒業し、大東亜戦争中、情報参謀になった。ドイツ担当、ソ連担当後、米国担当になった。

フィリピンでは、米軍のルソン島上陸地点と時期を当てた人だ。いい換えると、米軍がどんな土地を欲しがるかを予測した人だ。

『大本営参謀の情報戦記』で印象に残った部分を書く。「・」が堀栄三情報参謀の言葉（一部、著者の補足あり）。それに続く文が、ワタクシの分析である。

・情報は収集するや直ちに審査しなければならない。

売り物件情報も数多いが、図面、あるいは図面になる前の情報を冷静に分析しなければいけない。

いい加減な売り物件情報や、すでに買主が決まっている物件が、ときどきネットに掲載されている。図面の段階である程度絞り込み、現場で確認する。

・**「鉄量を打ち破るものは鉄量のみ」**

アパート経営にたとえると、鉄筋コンクリート量か、資本力か。あるいは、立地、レバレッジ、土地の広さなども当てはまると思う。

また、実家が裕福な人には、よほど努力しないと勝てないということか。

・**日本軍が孤立無援の中で必死に土地を占領している間に、彼らは、空域を占領していったのである。**

補給の効かない場所に物件を買うな。また、入居者がいない場所で、必死にリフォームするな。そもそも、そんな場所で物件を買うべきではない。

・**太平洋で日本が守備隊を配置したのが大小二十五島、そのうち米軍が上陸して占領した島は、わずか八島にすぎず、残る十七島はほったらかしにされた。**

収益の上がる物件を重視する。効率のいいアパート経営を目指す。

購入前にできるだけ物件を分析すべきだ。

・米軍はローテーションを組み、最低半年の間隔で、栄養状態のいい兵士を送り込んだ。対する日本軍は、玉砕するまで同じ場所で戦うしかない。

物件購入も計画的に。うまくローテーションを組まないと、財務がタイトになる。

・戦略の失敗を戦術や戦闘でひっくり返すことは出来なかった。

最初に戦略を立てる。何のために不動産を買うのか？　毎月、いくらあれば満足するのか？　どこに買うのか？　何が人生の目標か？　物件を買って、楽しいのか？

また、最初に物件を高値で購入すれば、挽回するのは難しい。収益のいい２棟目を買うほうがいいのかもしれない。

・米軍は補給を重視していた。資材を戦場の近くに四十五日分を保持するのを最小限の標準としていた。戦争初期には九十日分を目標にした。

アパート経営も補給だと思う。巡回できる場所、リフォーム業者、賃貸不動産業者、運転資金などのロジスティクスを考えよう。

新しい場所や遠距離の物件を購入するとき、補給が効くのを確認してから購入しよう。買付を入れるまでには、できる限り、自分で現地を調査する。

・南部九州は日本軍が作った飛行場が十二もあった。その上、志布志湾、鹿児島湾という海空のための絶好の基地がある。

米軍上陸の目的は飛行場と港の確保。要するに、インフラの確保だ。

アパート経営に置き換えると、現代では、空港、港、駅、高速道路などの政府が投資している場所は、田舎でも賃貸需要がある。

地形を把握し、航空写真をよく見て、投資しよう。ワタクシは事務所に札幌市の地図を張って所有物件をマークしている。

21世紀は、グーグルの航空写真やストリートビューで事前に偵察できる。

・敵の「仕草」を見逃すな。

米軍の上陸前には、暗号が飛び交い、空襲して、艦砲射撃のあとに上陸する。

売り物件、入居、滞納などの「仕草」、つまり兆候が読み取れる場合がある。このときは早めに対処方法を考えておく。

疑問に思ったら自分で確認する。例えば、売家の場合、引越し→空き家→売却というパターンが多い。引越しの時点で情報を確認すれば、いい売買ができる。

事前に察知した情報で、ワタクシは数棟購入している。売主との直接取引も何度か経験している。


平和な時代に生まれたわれわれは、自由に不動産投資ができる。本土を守った昔の日本人のおかげだと思う。ありがたいことだ。

おわりに

最後まで読んでくれて、ありがとう。

愛用しているハスクバーナのチェーンソーは、キャブレーターが玉砕し、不動になった。そこで、近所のゲルマン・モータース（仮名）に修理を依頼。チェーンソーも直せる、頼もしいテナントだ。

マキタの充電式チェーンソーも購入した。ボタンを押せば、瞬時に始動。振動も少なく、疲れない。排気ガスも出ないし、騒音もない。今後、工具も、エンジン式から充電式に変わっていくだろう。

近所の更地も無事、決済終了。バブル絶頂期の22％の価格で譲っていただいた。決済直後にチェーンソーで木を切り、11日目に賃貸が決まった。すでに隣を賃貸中のテナントだったので、瞬時にマネー成立だ。激安家賃なので、現状渡し。ただし、武士の情けで、砕石だけは配給する。テナントが自分で、砕石を重機でならすという、いい加減な条約だ。柔道にたとえると「引き分け」である。

更地を開拓し、砕石を敷いて貸せば、キレイなまま、テナントが土地を活用してくれる。アパート経営から始めて、一戸建、商業ビル、いろいろ運営してみたが、更地を少し加工して、更地のまま貸す方法が一番楽で、安定している。リクエストもほとんどない。人に貸すよりも、モノに貸すのだ。

ワタクシの住んでいる北海道は、かつて屯田兵が開拓した。その頃は、手作業で木を切り、牛や馬に切り株を引かせ、抜根した。過酷な環境の中、よくぞ開拓してくれたと思う。テクノロジーは進化し、近所のホームセンターでも、チェーンソーや刈払機が買える。21世紀のサムライの刀と槍である。中古車市場も熟成し、開拓用の激安四輪駆動車が手に入る。誰にでも簡単に、土地を開拓できる時代になった。

近所に更地があれば、とても豊かな気持ちになる。

読者の皆さんにも、更地を開拓することを激しくオススメする。

２０１８年7月　窓からテナントの高級中古車30台を見ながら

加藤ひろゆき

［著者］
加藤ひろゆき（かとう・ひろゆき）
大家、随筆家。北海道在住。ムービースターを夢見て、ハリウッドで200本のオーディションを受ける。マドンナやジャネット・ジャクソンのミュージックビデオ、ホンダやコカ・コーラのＣＭなどに出演していた。元・米国スクリーン・アクターズ・ギルドのメンバー。アメリカで6年間、頑張ってみたが、後半は仕事も激減、ホームレス直前だった。愛車を売却して、航空券を購入。玉砕寸前で帰国。そのときの所持金、200ドル。
帰国後、つとめ人として再生を試みるが、アメリカナイズされた大和魂の受け皿はなく失望。現状を打破するためには、不動産が必要だと思った。激安高級中古車に乗って貯金を増やし、激安アパート経営で再生。現在の所有物件は一軒家11戸、アパート2棟、商業ビル3棟、路面店3棟、貸駐車場など。
CASHFLOW101のコードネームで、随筆（楽天ブログ、健美家コラム）を執筆中。
著書に『ボロ物件でも高利回り 激安アパート経営』『300万円で大家になって地方でブラブラ暮らす法』『ベンツは20万円で買え！』（以上、ダイヤモンド社）、『借金ナシではじめる 激安アパート経営』『激安不動産を入手シテ豊かに暮らす方法』『田舎で大家になってシンプルに暮らす101の方法』（以上、ぱる出版）、『まずは100万円で一等地の空き家を買いなさい』（宝島社）、寄稿書に『知られざる坂井三郎』（学研プラス）などがある。

メールアドレス　cashflow101ss@yahoo.co.jp
ブログ　https://plaza.rakuten.co.jp/investor101/
ウェブサイト　http://cf101.chu.jp/

草むらを更地にするだけで高収益
激安！「空き地」投資

2018年８月８日　第１刷発行

著　者――加藤ひろゆき
発行所――ダイヤモンド社
〒150-8409　東京都渋谷区神宮前6-12-17
http://www.diamond.co.jp/
電話／03･5778･7234（編集）　03･5778･7240（販売）
装丁――――金澤浩二（cmD）
DTP　―――荒川典久
製作進行――ダイヤモンド・グラフィック社
印刷――――八光印刷（本文）・慶昌堂印刷（カバー）
製本――――川島製本所
編集担当――田口昌輝

ISBN 978-4-478-10645-7